畢柳鶯·著

有一種愛是放手

從第一手個案經驗、觀念迷思到法規醫療協同，拿回生命自主權，有尊嚴、無懼無憾的安詳離世

《斷食善終》2

目次

序

期待「以病人爲中心」的善終社會到來

常佑康（台北慈濟醫院預立醫療照護諮商門診醫師）

延續《斷食善終》中「不忍眾生苦」的精神，《有一種愛是放手：斷食善終2》具體呈現了畢柳鶯醫師對當前台灣生命臨終現場的反思，以及實際協助一些家庭以自主停止飲食（voluntarily stopping eating and drinking, VSED）／停止人工餵食（stopping eating and drinking, SED）走向善終之路的經驗，更大膽對醫界及社會提出許多建言。有鑑於我國醫療人員，包括一部分從事安寧療護的醫療團隊，對於VSED／SED不太了解，甚至有許多誤解，本文希望引用國外的資料加強說明，並分享個人的反思。

自主停止飲食的國際概況

「自主停止飲食」的定義是因持續而無法忍受的痛苦，有決策能力的人自願且故意採取停止進食及水分的行動，以達到加速死亡的目的。由於不需要病人自己服用致死藥物，或醫師採取加工手段，因此「自主停止飲食」（以下簡稱VSED）沒有醫療協助死亡（medical aid in dying）或安樂死（euthanasia）的法律與倫理爭議[1]。回顧醫學文獻可知，「VSED」早已普遍出現在歐美、日本各國的臨床實務中[2]，美國奧勒岡州安寧護理師中，百分之四十一有相關經驗（二〇〇一年統計）；日本安寧緩和醫師則是百分之四十三（二〇一九年統計）；荷蘭家庭醫師是百分之四十六（二〇一九年統計），VSED佔荷蘭的年死亡率為百分之〇．四－二．一（二〇一四年統計）。

二〇〇七年一篇論文指出，當時人們對之看法分歧，有人視之為自殺，有人視之為不予治療（withholding treatment），也有人認為是自然死亡（natural death）[3]。二〇二〇年，一篇針對五百三十五位瑞士護理之家護理長的問卷調查指出，多數（百分之六十四．二）視為自然死亡，百分之二十五．七視為被動安樂死，百分之四．四視為臨終的自主權，百分之三．六視為醫助自殺[4]，可見西方醫療人員逐漸接受自主停止飲食是自然死亡。

陽明交通大學楊秀儀教授在賴其萬醫師「醫病平台」文章中提到[5]，如果考慮了行為背後的脈絡，自殺並不總是道德上錯誤。人類尊重殉道、捨己救人、追求更高理想而自殺。在生命或者疾病的最後階段，以拒絕醫療或是拒絕飲食的方式，坦然接受死亡的到來，這是一種生命自主的展現，論者普遍承認這是「自然死」，而非自殺；就算要評價為自殺，也是一種「理性的自殺」。因為，幫助自殺一定必須是一個積極的「作為」，而斷食「不作為」的方法是漸進且溫和的，更重要的是在斷食過程中，個人隨時可以有反悔的機會與權利；最後，在過程中家人們緊密的陪伴，並給予無微不至的安寧照顧。

隨著醫學進步及高齡社會逐漸出現，選擇進行VSED的族群也出現了變化。二〇〇三年美國奧勒岡州（美國最早合法化協助死亡的州）研究為癌症病人最多（百分之六十），其次為神經系統疾病（百分之二十三）、心血管疾病（百分之十六）[6]；二〇一五年荷蘭研究則是非癌症生理疾病最多（百分之三十九），其次為癌症（百分之二十七）、無嚴重身心疾病者（百分之二十四）、相當比例的早期失智症（百分之十二）及精神疾病（百分之七）（說明：病人可以同時存在一種以上診斷）[7]。至於選擇自主停止飲食的動機也有了變化，二〇〇三年美國奧勒岡州研究為已準備面對死亡、身體不適（疼痛、倦怠、喘）、害怕症狀惡化、認為繼續活著沒有意義、生活品質差或害怕更差、想在家中死亡及想控制死亡的情況[8]；二〇一五年荷蘭研究則是症狀議題（百分之七十九）、認為繼續活著沒有意義（百分之七十七）、無法自理生活或依賴他人（百分之五十八），其次則是喪失尊嚴／自我（百分之三十七）、孤獨或喪偶（百分之二十一）、心理痛苦（百分之十四）。荷蘭為醫助自殺合法的國家，選擇VSED的人中，百分之十九曾提出醫助自殺要求，而百分之十四被拒絕[9]。

美國推動善終組織積極提供自主停止飲食實務建議

網頁上只要輸入VSED（自主停止飲食）這個關鍵字，就可以搜尋到許多資料。以Compassion and Choices（慈悲與選擇）這個推動善終組織為例[10]，網頁上說明了會選擇VSED的族群包括疾病末期、預期餘命不明確、吞嚥困難、腸胃道阻塞、無法消化或吸收營養，以及高齡社會一定會有的族群：早、中期失智症病人。該組織認為VSED是在生命末期減少痛苦的選項及病人的權利之一，其過程需要以病人為中心、與自然死亡過程一致、需要全家參與、是痛苦及退化終將結束的保證，而且被美國多數安寧療護機構支持。最後這一點非常重要，因為VSED期間需要有專業的緩和醫療照顧處理當事者的症狀，以及支持備感壓力的照顧者們。

Compassion and Choices（慈悲與選擇）的網頁上不僅有提摩西・奎爾（Timothy Quill）醫師（*Voluntarily stopping eating and drinking: A Compassionate, Widely Available Option for Hastening Death*，暫譯《自主斷食：慈悲而寬廣的加速死亡之路》作者之一）討論自主停止飲食的影片[11]，也提到美國法律是否保障自主停止飲食的說明[12]。美國最高法院確認，有決策能力的人有權拒絕任何不想接受的治療，包括食物及水分，即使如此拒絕將導致其死亡。此權利亦適用於末罹患末期疾病的個人。因此，該組織建議有意採取自主停止飲食的人以下措施：在預立醫療指示中註明拒絕食物及水分的意願、錄影片存證，若是末罹患末期疾病的個人，建議接受決策能力之心理評估，以排除憂鬱症等干擾因素。若個人決定恢復飲食，照顧者應尊重其意願。

另一個組織End of Life Washington（生命終點—華盛頓）網頁上則公布自主停止飲食實務指引[13]，包括：常見問題、給照顧者的建議、如何處理相關症狀、給照顧醫師的信，以及個人選擇自主停止飲食聲明書（"My Decision to VSED" Statement）。這份聲明書呼應了「慈悲與選擇」組織的建議，表示證明自主停止飲食的確出於本人自主意願，避免家人陷入法律爭議或糾紛的重要性。另外，VSED Resources Northwest（西北自主停止飲食資源網）的網頁也提供了豐富的資料[14]。由以上百花齊放的網路資源可見，美國推動善終的組織非常積極地努力建立大眾對自主停止飲食的正確認知，也提供實務建議。順帶一提，二〇二二年三月美國出版了《自主停止飲食手冊》（*The VSED Handbook*）[15]一書，作為一般民眾的參考書。

永久植物人終止人工營養與斷食往生議題

自主停止飲食是有決定能力的當事人深思熟慮及與家人溝通後，行使拒絕醫療介入的權利，本人自主且自願地停止進食及水分，或要求醫療團隊停止鼻胃管餵食、人工經口餵食，以加速死亡，如前所述，在歐美各國已逐漸為醫療人員及一般民眾所接受為自然死亡。然而，若是由家人決定，終止永久植物人及意識障礙病人的人工營養與水分，目前國人仍有許多爭議與質疑，認為可能違反當事人自主權，或有剝奪這類病人的生存權之虞。

台大醫院學蔡甫昌教授在賴其萬醫師「醫病平台」的文章，有關於英國歷年相關判例的精采分析[16]。英國經過好幾個知名案例在法院辯論及判決，目前對於沒有指定醫療委任代理人，也沒有簽署預立醫囑，長期意識障礙或永久性植物人的撤除鼻胃管議題，因無法得知本人意願，而不適用尊重自主原則，皆已改為依據「最大利益原則」為決策準則。基於維持意識障礙或植物人狀態，對當事人、家屬、醫療體系、社會皆無利益可言，只要家屬和醫療人員對病人的「最大利益」有共識，依據相關專業指引，目前英國已經不要求必須經過法院審理，就可以撤除長期意識障礙或永久性植物人的鼻胃管。

畢柳鶯醫師曾與個人在群組討論時表示，這些插管臥床的幾十萬人，都是「被插管」，當初多半吩咐過子女將來不要插管臥床，所以拔管善終才符合他們的意願。事實上，他們自然往生的機會被家人或者當初治療的醫師剝奪了，相信他們非常感恩如今得以「被斷食」。本書第三章「生命是永續不死的能量」中，記錄了某些看似無法表達意願、斷食自然往生的個案，在家人與病人真誠溝通及細心觀察後，表現出各種「贊同」徵象或微細動作，值得大家參考。

對自主停止飲食／斷食往生的反思

身為一位推動我國病人自主權利法，負責預立醫療照護諮商門診的醫師，已經開始提醒民眾本人與家屬，討論失智症的預立醫療決定時，除了依法定流程拒絕插鼻胃管灌食之外，是否如美國內華達州二〇一九年開始的作法，在預立醫療指示中註明疾病惡化到何種程度時，將拒絕手工餵食／人工餵食？如同前述，由於失智症持續退化的事實，已有一部分歐美人士在仍有決策能力時，事先選擇自主停止飲食。此外，有些人因疾病或高齡衰弱，併發吞嚥困難、嗆咳或吸入性肺炎，可能想啟動預立醫療決定，此時應該先會診語言治療師進行吞嚥評估與訓練，有相當機會讓這些人恢復由口進食。有些醫院及在宅醫療已經有吞嚥治療團隊，部分有提供到宅服務，期待未來服務量能可以增加。

數月前把《斷食善終》、《如果還有明天》、《生命的最後一刻，如何能走得安然》（*A Good Death: A compassionate and practical guide to prepare for the end of life*）三本書放在安寧病房的公共圖書區之後，發生了奇妙的化學變化。一位病人的女兒推薦母親閱讀後，加上父親轉入安寧病房後症狀舒緩，對選擇轉入安寧病房的決定較為放心。有一位太太（家屬）在先生住院期間看過這些書後很認同，後來趁先生告別式當天，全家人一起簽署病主法的預立醫療決定，並告訴諮商團隊這是先生用最後的生命給全家人的禮物。另外一個病人因腫瘤造成腸胃道阻塞，完全無法進食，家屬看了《斷食善終》後回應說：「不能把陪伴建立在病人的痛苦上，我要開始學習放手。」可見《斷食善終》的知識與概念不僅感動了家屬，解除了家屬對病人不能進食（即將死亡）的焦慮，轉化了家屬心中的預期性哀傷，成為把握當下、放手的智慧與行動。

事實上，對生命末期病人給予不需要的營養和水分，因為病人腸胃無法吸收，容易造成嘔吐與嗆咳；即使病人腸胃吸收功能還沒關機，常見因生命末期腎功能降低，過多的營養和水分會造成組織水腫、喘（因為肺水腫）、咳嗽（痰液及分泌物增加），甚至因水份無法正常排泄，改從皮膚大量滲出，其造成的傷害與不適反而更多，並且違反了醫學倫理的不傷害與行善原則。目前仍有許多醫師基於醫療本位和父權主義，堅持要繼續治療、拒絕診斷病人是末期、對想要停止生命末期病人鼻胃管灌食的家屬粗暴地說：「你是要把病人餓死嗎?!」可見，醫療人員的法規認知及「以病人為中心」的生命倫理素養教育，包括在學階段及畢業後的教育皆是刻不容緩！至於家屬們對生命末期病人營養和水分的執著，如畢醫師所言，「愛的極致是放手」，我們的社會亟須建立起正確的「死亡識能」，重拾死亡大量發生在醫療院所而不是家中之後，失傳已久，照顧生命末期病人的知識與能力。希望畢醫師這本書能夠協助家屬，從家屬本位和代理決定的壓力中解放出來，學習尊重生命末期者的醫療自主權。

此外，我要呼應畢醫師的看法，請大家好好思考我國「安寧緩和醫療條例」中對末期病人的定義：「罹患嚴重傷病，經醫師診斷認為不可治癒，且有醫學上之證據，近期內病程進行至死亡已不可避免者。」不只是「嚴重」、「不可治癒」、「近期」、「不可避免者」這些字眼的定義多麼讓人迷惑，實務上也常常因為過於主觀、難以判定而產生爭議；這個定義硬生生把從生到死的連續光譜，切割成二元對立，忽略掉中間廣大的灰色地帶，而且完全沒有納入生活品質的考量，使得應用上非常受限。事實上，我國健保在二〇二二年三月即已擴大安寧療護收案對象，從過去的癌症末期、末期運動神經元疾病、八大非癌末期疾病，納入末期衰弱老人、末期骨髓增生不良症候群、符合病人自主權利法第十四條第一項第二至五款條件病人、罕見疾病或其他預估生命受限者。因為安寧療護本來就不限定於末期病人，而是有安寧療護照顧需求的人，就可以得到該有的照顧[17]。

在臨床實務中遇到末期病人難以判定，或是有爭議時，我常用「驚訝問題」（surprise question）來詢問醫療團隊和家屬：「這個病人在半年內，因為任何原因往生，你是否覺得意外？」如果「不意外」的答案呼之欲出，是時候回顧照護內容與治療計畫，重新設定新且合理的治療目標了。

依照我國現行「安寧緩和醫療條例」，必須兩位相關專科醫師，實務上必須是病人的主治醫師，診斷病人為末期；而「病人自主權利法」也需要病人的主治醫師加上另一位相關專科醫師，診斷是否符合五種臨床條件，撤除或停止治療後再銜接到安寧緩和照顧，那如果主治醫師堅持不認為病人是末期病人呢？目前唯一的解決方案，就是病人與家屬下定決心換主治醫師、轉安寧療護科、轉院，才有可能接受到後續的安寧緩和照顧。不只是畢醫師的書中舉出的例子，這個困境持續地發生在台灣各個醫院。難怪斷食往生在社會中引起廣大迴響，因為終於有一個方法依照生命末期病人的自主意願，加上安寧緩和照顧或在宅醫療的協助就可以執行[18]。期待將來有更多的醫療團隊和長照機構，可以在醫療上支援自主停止飲食／斷食往生，把病人的善終也納入醫療志業的使命。

好好「善生」才有圓滿「善終」

尊重醫療自主權並不代表從此以病人的選擇作為唯一的依歸，集體社會與醫療團隊仍然需要自我叩問：「病人為何做出這個選擇？還有什麼辦法可以幫助這個人尊嚴地活下去，面對身心靈的痛苦、與之共處，甚至找到受苦的意義而超越痛苦？讓台灣民眾平均臥床、失能七、八年才得以往生，這樣的醫療算成功還是失敗？

現在把握每一天好好「善生」，將來才有真正圓滿的善終。除了對生命末期做好溝通與準備，如何如達賴喇嘛所言，帶著對死亡的覺知過生活[19]，才不枉此生？」如果用「生命末期照護拼圖」[20]裡的八大面向來檢驗國人的善終品質，顯然還有很多地方要努力，需要全體社會的關注及制度面的改革，一步步建立「以病人為中心」的善終環境，回應這個社會對善終的渴望。

註1｜Jane Lowers, Sean Hughes, & Nancy J Preston. Overview of voluntarily stopping eating and drinking to hasten death. *Annals of Palliative Medicine.* 2021;10（3）:3611-6.

註2｜同註1。

註3｜Schwarz J. Exploring the option of voluntarily stopping eating and drinking within the context of a suffering patient's request for a hastened death. *Journal of Palliative Medicine.* 2007;10:1288–97.

註4｜Sabrina Stängle, et al. Long-term care nurses' attitudes and the incidence of voluntary stopping of eating and drinking: A cross-sectional study. *Journal of Advanced Nursing.* 2020;76:526–34.

註5｜楊秀儀，〈從法律觀點看「斷食善終」：是「自殺」還是「生命自主」？〉，「醫病平台」，網址：https://health.udn.com/health/story/6001/6637558。

註6｜Linda Ganzini, et al. Nurses' experiences with hospice patients who refuse food and fluids to hasten death. *New England Journal of Medicine.* 2003;349:359-65.

註7｜Eva E Bolt, et al. Primary care patients hastening death by voluntarily stopping eating and drinking. *Annals of Family Medicine.* 2015;13:421-8.

註8｜同註5。

註9｜同註6。

註10｜Compassion and Choices（慈悲與選擇），網址：https://www.compassionandchoices.org/our-issues/vsed。

註11｜關於VSED：那些你想問但不敢問的事（Everything You Wanted to Know About VSED But Were Afraid to Ask），網址：https://youtu.be/atMvREPUgC8。

註12｜同註9。

註13｜End of Life Washington（生命終點—華盛頓），網址：https://endoflifewa.org/end-life-choices/vsed/。

註14｜VSED Resources Northwest（西北自主停止飲食資源網），網址：https://vsedresources.com/。

註15｜*The VSED Handbook: A Practical Guide to Voluntarily Stopping Eating and Drinkin*, Kate Christie, Second Growth Books, 2022.

註16｜蔡甫昌、邱子軒，〈永久植物人之終止人工營養與斷食善終〉，「醫病平台」，網址：https://health.udn.com/health/story/6001/6637429。

註17｜衛生福利部二〇二二年三月新聞：〈健保擴大安寧療護收案對象 落實生命善終〉，網址：https://www.mohw.gov.tw/cp-5266-67794-1.html。

註18｜常佑康，〈「自主停止飲食，Voluntarily stopping eating and drinking」的臨床與倫理思考〉，「醫病平台」，網址：https://health.udn.com/health/story/6001/6532854。

註19｜天下雜誌編輯部，〈達賴喇嘛：為生命做好準備〉，網址：https://www.cw.com.tw/article/5041378。

註20｜Jamie Sillett在「生命末期照護拼圖」（The End of Life Care Jigsaw，網址：https://em3.org.uk/foamed/1/3/2017/eoljigsaw）中說明：生命末期照護拼圖包括症狀處理、連續性照顧、支持情緒、靈性照顧、告知壞消息（醫病溝通）、尊重病人意願、法律及往生後議題等，以病人及家屬為中心的八個面向，原始資料來自Dr. Sarah Vince, EM Consultant at NGH。

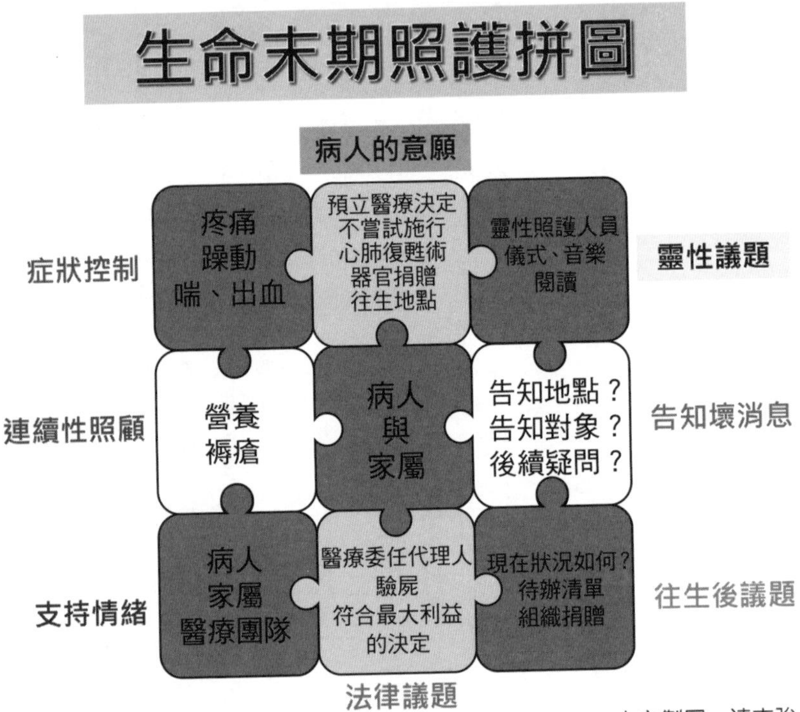

中文製圖：連志強
https://em3.org.uk/foamed/1/3/2017/eoljigsaw

序

一本革命性的書

羅耀明（生死關懷教育推廣協會副理事長）

畢醫師陪伴老衰重症病患在不能進食時，停止人為干預而順應自然往生的經驗，讓我看見一位斷食善終的布道行者，一面柔軟堅定地向社會與醫療體制呼籲，一面慈悲積極地向病患與家屬提供解方。她讓讀者逼視社會上被無效醫療與餵食管綑綁而無法自然往生的眾多苦難，也看見她人溺己溺為病患與家屬尋求醫療、生理、心靈與社會資源的解方，最終得以停止無盡受苦的輪迴。

台灣健保消耗大量資源在老衰重症的無效醫療，讓病患被迫「延遲死亡」。如果病患已無法為自己發聲，醫療體系與家屬也不願意放手，苦難該如何友善終結？我長年在大學與社區推廣生死教育，也宣導安寧療護與病人自主權利法。課堂上會問：當你失去意識且無復原可能，你會希望持續被插管與被餵食活下去嗎？現場幾乎舉手表達不希望。不過，接著詢問，已經簽署DNR（拒絕心肺復甦術）意願書的卻沒幾人，而經過醫療諮商簽署AD（醫療決定）的人更是珍貴稀有。

推廣安寧與病主法是真心期盼民眾能獲得所期待的善終，但多數民眾有意願，卻基於各種理由未能簽署有法律效力的醫療決定，甚至已經簽署了，但在醫療現實裡，有些醫師不願意拔管。真有那一天到來，有誰可以幫忙喊停呢？

當看到畢醫師擲地有聲地反問：有病患曾表示不要插管，但無意識時被插管，而且反覆被插管、被灌食，吃喝拉撒睡都在一張床上，任人擺布，毫無尊嚴的存活。我們有經過他們的同意嗎？這是他們要的嗎？他們的人權在哪裡？誰在意他們的自主意願？他們自主斷食自然往生的機會被家人或醫師剝奪了。

畢醫師為病患的自然善終發聲，也盼匯聚更多的千手千眼，所以她與理念相同的安寧夥伴，邀集各地的居家護理所組成了「在宅善終友善團隊」，在聽聞案家有需要時，由當地團隊評估接案，就近給予必要的醫療或安寧照顧，陪伴著家屬讓病人在宅無管善終成為可能。

感恩這三十多年來許多安寧先進在醫療與立法的努力，讓台灣民眾的善終賦權有長足提升。雖然醫療現況對於拔管與斷食仍有疑慮，但畢醫師在書中援引各方證據與先進國家的做法，也分享無管往生的細膩步驟，以及提供安寧居家護理所的支持系統，相信將接續帶動社會在安寧先進奠定的基礎上向前推進。

欣喜畢醫師大作再次出版，料將影響社會對拔管斷食自然善終的觀點轉化，同時也提醒民眾及早做好醫療決定，並與家人形成共識，這是法律賦予人民的權利，也是我們負起自己與家人能自然善終的責任。

自序

未知死，焉知生

四十三年前我結束實習醫師訓練，為了不想在未來執業生涯中經常面對死前急救以及病人的死亡，在排除了內外婦兒四大科後，選擇擔任復健科醫師。因為病人在其他科已經做過急性期的手術或內科治療，來到復健科接受訓練，身體情況只會越來越改善。再者，病人住院日期長，復健科會提供全人的醫療，醫病關係比較融洽。

沒想到全民健保實施以後，雖然民眾的醫療權得到保障，但是隨著醫療科技的進步和過度使用、老年人口的快速增加，復健科有越來越多極重度失能的病人身陷生不如死的慘境，這比面對死亡還要讓人不忍。常常我懷著好心情上班，從停車場走到復健醫院門口，看到一群老人，兩眼無神，表情木然，歪著頭坐在輪椅上，旁邊一群外籍看護聊著天，我的心情總是突然低落。更沒有料到，這樣的事情將發生在自己家中。

我的公公七十八歲罹患失智症，即使經過復健，兩年後仍惡化到臥床不起。一次因吸入性肺炎住院，不加思索的接受插鼻胃管的建議，沒有想到從此臥床十二年。回到家看到臥床的公公，四肢逐漸蜷曲。每天需要數次拍痰、抽痰，有時肺炎、有時尿路感染，有時壓瘡。躺著的人苦，照顧的人累，親友看了心中不忍。真是懊惱當初知識不足，接受了不當的處置。如今已經有越來越多的研究顯示病情不可能逆轉的失智症病人，插管人工餵食，完全沒有好處，只是延長了死亡時間。

同時期，我的母親罹患小腦萎縮症，她看過我的表弟插管臥床多年的慘狀，剛發病就講好未來絕對不插著鼻胃管臥床歹活。雖然積極在家復健，十九年後病情仍惡化至吞嚥困難、無法翻身，母親不願意這樣無品質、無尊嚴的活著，自主決定停止飲食（voluntarily stopping eating and drinking），三星期後在家人親密陪伴下圓滿善終，促成我撰寫《斷食善終》一書[1]。

書籍出版後，我感覺是母親賦予我新的使命，發願成為推廣善終文化的志工。

除了接受採訪、演講的邀約以外，有病人家屬詢問我臥床長輩是否適合斷食善終、如何進行斷食，我都會義務提供諮詢，畢竟病人家屬是看了我的書才有此想法，我有責任確認過程順利、圓滿。

雖然有幫助母親斷食往生的經驗，但我沒有受過安寧緩和醫療的訓練，因此在網路上聽演講、閱讀了許多安寧與靈性照顧方面的書籍，得到許多新知，在實務上相互為用，構成本書的重要基礎[2]。

書稿完成時，我已經陪伴五十位老衰、臥床、重症病人斷食安寧善終，將近一半的個案是有意識的自主停止飲食。每位菩薩以及他們的家人，帶給我很多啟發與學習。這中間也很幸運的有找到幾位安寧緩和科醫師願意收治，更有多家居家安寧護理所願意到府照顧這類的病人。

死亡不是呼吸停止的那一刻，死亡是生命歷程中最重要的一個階段，可能發生在剎那間也可能長達數年。死亡是生命的一部分，是人生最後的寶貴遺產。在死亡來臨前，對死亡有過思考，有足夠的認識，可以讓人無懼無憾的安詳離世。全心、全程參與家人的死亡，從陪伴、聆聽、照護當中，可以與往生者產生更深的連結，這個連結可以延續到死者亡故之後。遺族也可以因為這次深刻的陪伴死亡經驗，體悟到自己也終將死亡，帶著死亡的覺知而活，對人生有更深刻的覺察與體悟，更珍惜生命，活得更具方向、更有意義。

所以摯親的死亡，其實是在教導我們怎麼活，也教導我們如何善終。

假如我們把長輩送到養護中心後很少探視，或者生命末期時待在醫院不斷搶救，到長輩瀕臨死亡時才見面，那麼會因為沒有好好陪伴，沒有道謝、道愛，沒有連結而留下長久的遺憾。長輩臨終前若經過慘烈的急救或醫療過程，最後的痛苦面容也可能像惡夢般縈繞不去。好好的學習生死課題，可以讓家人有較高的機會得到善終，家人的善終是給我們最好的禮物，讓自己無懼死亡，可以坦然面對死亡。

我經常碰到讀者詢問，家裡的長輩害怕死亡，他們自己也害怕死亡，雖然有在家善終的想法，但是不知家人臨終時會有什麼痛苦，要如何照顧？我的想法是：首先，你自己要先了解死亡，對死亡沒有恐懼，才能幫助長輩克服對死亡的恐懼。我們從過去的經歷，對死亡有許多因為未知或誤解而潛藏在內心深處的恐怖印象。唯有直視死亡，經由閱讀、上課、思考、討論，去了解臨終過程有什麼現象，需要如何陪伴，才能去除心中的恐懼。人類原本的自然死亡是安詳、充滿愛的過程。五、六十年前，大部分人都在家中死亡，那時候人們所受的教育並不多，都能順利陪伴家人臨終。如今資源這麼豐富，只要有心，還是可以做得到。

在陪伴病人斷食往生的過程中，我體驗到了無意識者（無言語溝通能力）其實是有覺知的。從他們往生以後託夢的內容，以及許多書籍的記錄，我相信了靈魂永生[3]。人是一個永續輪迴的能量體，放下衰敗的軀殼，靈魂會往下一站前進，去到一個更好的地方（a better land），見到逝去的親人。既然靈魂永生，對軀體的死亡就可以淡然處之，也不需要因此有過度的恐懼或者悲傷，悲傷是因為愛，就化悲傷為祝福吧！

註1—《斷食善終：送母遠行，學習面對死亡的生命課題》，畢柳鶯，麥田出版，二〇二二。

註2—《生命的最後一刻，如何能走得安然》（*A Good Death: A compassionate and practical guide to prepare for the end of life*），瑪格麗特．萊斯（Margaret Rice）著，朱耘、陸蕙貽譯，四塊玉文創，二〇二一。

註3—《死亡癱瘓一切的知識：臨終前的靈性照護》，張明志，寶瓶文化，二〇二一。

前言

「善終」即是「善生」

「善終」的英文是 a good death，也可以說是好死。古有諺語「好死不如賴活」，意謂著面對再大的人生困境，也要排除萬難活下去，留得青山在，不怕沒材燒。當時醫學不夠發達，沒有讓人不死不活躺在床上多年的這種絕境，所有見證過、照顧過這種病人的人，都能體會「好死勝過歹活」。

「善生」顧名思義是 a good life，有意義的人生。追求好的生活是人們一生不停努力的目標，不論是求學、就業、結婚生子、理財、置產、旅遊、娛樂、信仰，大家都會投注心力學習相關的知識，為之做足了準備。死亡是人生必經歷程，自己的父母一定會死，自己也終將離開人世。

人們卻不敢面對死亡，不思考、不談論、不學習、不準備。當無常來臨時要如何做出理性的抉擇，如何坦然面對死亡，如何求一個善終呢？

死亡是生命的一部分，死亡的過程，除了意外事故，短則數週、數月，長則數年。假如這個過程是在自己熟悉的家中，身體的痛苦降到最低，心中坦然無懼，有家人陪伴，事先交代好後事，那就是無牽無掛的「善終」。對往生者而言，這樣的過程是「善生」的一部分，而且是人生中一個相當重要的階段。若能陪伴親人得到善終，對遺族來說，沒有遺憾，不會被悲傷卡住，可以繼續向前行，也是「善生」的一部分。

在科技、經濟發達的國家，包括台灣，將近百分之八十的人死在醫院或機構，想要求得善終越來越困難。隨著醫療技術的發達、全民健保與保險制度的支持，台灣在平均壽命名列世界前茅的同時，有越來越多的病人插管臥床躺在醫院、養護中心或家裡多年。大多數人在急診處、加護病房、重症病房接受急救或臨終的無效醫療而死亡。孤獨地死在陌生又冰冷的醫院，身上插滿管子，沒有親人的陪伴，沒有機會道謝、道愛、道別、交代後事。

然而善終並非那麼遙不可及，條件是必須事先有所準備。

第一步是面對死亡、了解死亡。市面上有許多相關書籍與課程，也有探討死亡議題的戲劇、電影或電視節目，可供參考學習。解除對死亡的禁忌和刻板印象，充實相關的知識，才能坦然無懼面對死亡。

第二步是用開闊的心胸和親近的家人討論死亡，了解大家對死亡的看法，告知家人無常來臨時，自己有何選擇，希望以什麼方式善終。

第三步可以和家人一起簽署「預立醫療決定書」，把自己的選擇註記在健保卡上。由於已經和家人討論過，自己的決定就可以受到尊重。否則事到臨頭，若有家人不願意放手，聲稱要「救到底」，甚至威脅要告醫師，醫師最可能被迫聽那位家人的意見。就算醫師有法律依據，家屬無法告贏，但沒有醫師願意面對惱人的訴訟。台灣非理性的醫療訴訟是醫師最大的惡夢。

第四步是碰到攸關生死的疾病時，由於已經有作充分的準備，全家人可以冷靜討論、徵詢第二意見，避免因無效醫療而留下長久的遺憾和沉重的負擔。

第五步是當不幸已經造成時，該如何亡羊補牢，避免痛苦無限延長。當確認病情無法復原時，撤除呼吸器、鼻胃管等延長死亡的維生系統，允許自然死亡（allow natural death）是唯一解套的方式。

不論是動物或者人類，本來都有一個自然的關機模式，那就是老衰重病末期消化道功能衰退，自然會停止吃喝，放下衰敗不堪使用的肉體，靈魂進入下一段的旅程。台灣的寵物，當傷病嚴重造成極大痛苦時，可以接受安樂死；而人們因重病極端痛苦時，反而無安樂死相關法案可支援。若有足夠的意志力，可以像我母親一樣在疾病末期自主停止飲食，或者不要作無效的插管就能自然死亡。

台灣有數十萬甚至上百萬個家庭面對家有重度失能者長期臥床的困境。善終議題，不只是個人的，同時是家庭的、社會的、國家的議題。如果由國家制定政策來解救這些生不如死的重度失能者，也許可以有快速的效果。在有效的政策出現以前，也只能由下而上，希望人們能從知識得到力量，每戶人家先照顧好自己。

既然制度上的改變非一蹴可及，只能寄望於廣大民眾培養出善終的觀念，拒絕無效的過度醫療，讓醫師也能在「醫生」的慣性中，反思「顧死」的重要性。

寫作本書的目的是希望人們正視死亡議題，去除對死亡的恐懼，對未來一定要面對的死亡能夠擁有充分的知識，需要醫療抉擇的時候，能夠理性判斷，做出正確的選擇。懂得在該放手的時候放手，懂得如何做好臨終的舒適照顧與陪伴，讓亡者安然離去，生者沒有遺憾。

書中有我協助家屬陪伴老衰重症者斷食往生的經驗分享，包括執行細節、可能面對的疑問與困境、家屬的心情糾結與轉折、臨終靈性照顧到病人安詳往生的過程。對我而言，每位往生者和家屬都是我的老師，我從他們身上得到的學習和啟發，構成此書的精華。相信對想要了解死亡，正確看待死亡的讀者來說，一定有參考的價值。尤其希望需要陪伴家人在宅善終和考慮協助家人斷食善終的家屬能夠詳讀此書。知識帶來力量，帶來順利、圓滿的結果，生死兩相安。

第一章

現代醫療改變了死亡的面貌

一、在家自然死是人類固有傳統

自古以來，原始社會或醫療尚不發達的國家，人們因為衰老或重大傷病而面臨死亡之時，總是會被帶回家，躺在家中明顯的空間（大廳），由親人陪伴、照顧，或者有巫師、牧師、比丘（尼）、家庭醫師來訪，提供心靈及身體的照顧。依循在地的儀式，將親人送往下一站，祈禱他／她在天之靈庇佑活著的家人及族人。

二〇二〇年我到蘭嶼旅遊，參觀達悟族傳統的地下屋，在最裡面的房間正中央立著一個高高的「宗柱」。屋主示範他祖父要離世前，蹲在宗柱前，抱著宗柱，含淚回頭不捨的看著陪伴在身邊的子孫，然後向宗柱磕頭，代表準備好要離開人世了。接著平躺在宗柱前，不吃不喝等待死亡的來臨。家人會先將他的兩腿綁好，待他嚥下最後一口氣，在二十四小時內的白天下葬，不立墓碑，不祭祖，不掃墓。家門前立起圍籬，鄰居不來祭拜，三天後拆除圍籬才恢復與鄰居來往。遊客看到住戶門前有圍籬時，應該要肅穆、不得喧嘩。在我看來，這是非常莊嚴、環保、不鋪張浪費的作法。

其他文明也大多是如此，孩童從小看見父母送別在家中往生的祖父母或其他長輩，長大了就懂得如何在家中送走自己的父母。當自己面臨死亡時，可以坦然面對，無懼無憾，送給家人最後一份禮物，見證死亡，接納死亡，讓生者心安，無畏死亡。

人生最嚴肅的課題莫非「死亡」，「家」是最好的學習教室，「陪伴」是最好的良藥。

人們在自己最熟悉的環境裡，看著自己用了一輩子的物品，在摯愛家人的圍繞中，交代好後事。當吃不下也喝不下數日後，平靜的嚥下最後一口氣，靈魂脫離已經不堪使用的肉體，前往一個自由自在的地方。這就是傳統的壽終正寢，也是人們心目中的善終。但是這種安詳在家自然死的傳統，在短短幾十年間，被醫療科技和健保制度徹底改變了。

二次世界大戰以前，社會貧窮、醫療不發達，死亡頻繁出現在日常生活、鄰里中，死亡反而沒有那麼令人恐懼，難以接受。人們從日常反覆的實際經驗、長輩的傳承、鄰里的互助中學會了照顧臨終病人的能力。

六、七十年前人們的醫學知識並不豐富，甚至很多人是文盲。人們多半在家中死亡，家屬都有能力面對、處理死亡。因為是大家庭的社會結構，人們從小在家中經歷多人的死亡，實際的體驗是最好的生死學教育。也因為大部分的家人是自然死，臨終的過程沒有什麼痛苦，病人多半安詳往生，人們反而不畏懼死亡。

如今大部分人都在醫院死亡，人們在成長過程中沒有照顧在家死亡親人的經驗。當家人病情藥石罔效，重症者自知來日無多，莫不強烈要求想要回家，然而因為醫療的介入，病人承受太多痛苦，反而讓家人害怕。家人不知如何面對病人的各種症狀，不敢帶臨終病人回家，讓病人孤獨在冰冷的醫院面對醫療死。或者在病人剩下最後一口氣的時候才帶回家，病人甚至可能在半路上斷氣，慌亂之中，哪裡有機會做好道謝、道愛、道歉、道別的四道人生呢？社會很多方面在進步，但是人們面對死亡的觀念和能力卻退步了。

曾經有網友寫信給我：

我公公今年九十二歲，因帕金森症及心臟病、腎功能不佳等疾病最近快速退化至吞嚥困難，已五天沒有進食了。我雖然有善終的觀念，但是面對他要走向死亡而我們沒辦法積極的為他做些什麼而感到焦慮不安。家人建議帶他去醫院打點滴，是否會延長他的生命而更延緩了死亡呢？公公本人也無法明確表達他自己的意願。他意識清楚，我幾次問他要不要去醫院放鼻胃管喝牛奶，他都不回答我。我該怎麼辦呢？

我們通了電話，我告訴她千萬不要送醫院，不必打點滴也不要插鼻胃管。公公不願進食，是因為消化道吸收功能衰退，用外力強行灌食或灌水，身體吸收不了，他會很痛苦。並告訴她臨終病人可能有哪些症狀，家人可以做什麼，減輕她和家人的焦慮。三天以後，她來信：「今晚，公公呼吸間隔拉長，我跟婆婆握著公公的手送他遠行離世，他表情很安詳。謝謝你！」

另外一個訊息：

我外公九十三歲，沒有什麼慢性病，最近因為懷疑腦中風至醫院住院，住院過程中阿公一直吵著要回家，四天後醫師准許出院。目前家中長輩是朝在家善終方向，因此出院後即請衛生所醫師到家訪視。阿公意識仍清楚，食量較住院前少，下床活動時雙腳無力需攙扶。這一週來，阿公有被送至急診兩次，因為沒有要急救，很快又回來。送急診原因一次是阿公叫喚不醒，長輩們混亂，覺得就是送醫院。另一次是半夜阿公自訴喘不過氣，於是照顧的長輩又送急診，但因不急救，半小時後又回家。隔天請衛生所醫師來診視，醫師勸說不要再送急診了，因為沒有要積極處理，然後表示讓阿公睡睡的走就好。因此想請問，目前阿公意識清楚，偶嗜睡，也還能自行進食，我們還能做什麼？總覺得似乎可以再做些什麼……或幫阿公什麼？

九十三歲算是高壽，還好他們碰到的醫師都是贊成在家善終的，沒有給予增加痛苦的無效醫療，也提供了簡單的建議。但是沒有經驗的家屬們還是非常慌亂，忍不住想送醫院。臨終病人被反覆送醫院，其實是很大的折騰，也可能在送醫途中斷氣。留在家裡卻不知道能做什麼？忘掉傳統社會人們的本能了。市面上有很多教導臨終照護的書籍，家有末期或衰老病人的時候，可以買相關書籍來參考。《生命的最後一刻，如何能走得安然》[1]是這方面的經典著作。

其實阿公需要的概括有兩件事：「身體照顧」和「靈魂療癒」。

第一：讓身體舒適。由於末期吃喝減少，有脫水現象，會口乾舌燥，需要經常用棉棒濕潤口腔。記得定期翻身，幫忙按摩或活動手腳，頭髮要梳理，身體要清洗乾淨。至於飲食，依照阿公的需求就好，不用擔心該餵多少，也不用刻意要求他多吃，他不願意吃也不需焦慮。身體就要關機了，不只心肺功能逐漸減退，呼吸、脈搏會亂，消化系統功能也會下降，不吃不喝是為了讓身體沒有負擔，才好輕輕鬆鬆、乾乾淨淨的離開。

第二：心靈關懷。把對阿公的愛和感謝說出來，問阿公有沒有什麼事情要交代？告訴阿公不用牽掛，不要害怕。天上是一個好地方，那邊的親人會來接他，跟著白光走。家人聆聽、陪伴阿公，阿公感到被理解、不孤單、無牽掛，他就會心滿意足的往生樂土了。

《記憶空了，愛滿了：陪爸爸走過失智的美好日子》[2]記錄了一位失智症者在家照護與自然死亡的詳細過程，非常值得學習。作者周貞利女士是一位護理人員，她父親為人和藹可親，臉上經常帶著純樸的笑容，是全校師生和家長心目中的好老師，在家是一位好先生、慈愛的父親。從學校退休後第六年，被診斷得了失智症。大家回想他過去幾年異常的言行舉止，本以為只是老化，其實他退休前兩年應該就已經有輕度失智了。周老師的太太同時照顧失智的婆婆和性格大變的先生，難怪有了嚴重的焦慮和憂鬱症狀。五個孩子中有三位從事護理相關工作，事後回想，感到懊惱不已。

周女士振作起來，閱讀相關書籍、參加相關的研習會，周媽媽也加入失智症家屬協會，全家人一起認識失智症，協力照顧失智的周老師。十年的照顧生涯中，從失智症協會得到許多資源與幫忙，請了外籍看護就近照顧，有三年時間白天去日托中心，最後三年才完全臥床，但每日仍起來坐輪椅數次。家人早早做好決定，不插鼻胃管，末期不送醫，在家自然死。

周女士是主要的照顧者，看了她在書中的記錄，萬分佩服她集護理、心理、物理治療、職能治療、語言吞嚥治療的專業知識於一身。這本書可以作為失智症照顧者的指導手冊，也可以提供給醫護人員參考，整個照顧過程非常符合復健精神，也值得復健醫學界參考。在我看來，她做的真是太完美了，如果一般家屬做不到，請不要因此自責，擷取對自己有益處的方法來補強就好了。

失智症後期，周爸爸躺在床上的時間多起來，她把病床放在客廳一角，因為客廳是家人最常一起活動的地方，周爸爸可以經常看見或聽到家人的互動，不至於被孤立在臥房一角。她們還在病床邊的牆壁上貼滿了兒孫的照片，掛著色彩繽紛的吊飾發出悅耳的聲音，增加他接受各種聲光刺激的機會，免得他有太多的時間只是看著蒼白的天花板和牆壁，造成更快速惡化。許多人進了安養中心快速退化，就是因為整天躺著，沒有足夠刺激，也少有與人互動的機會。

每天周爸爸會被抱到輪椅上坐著，與家人互動以及用餐。周爸爸吞嚥功能逐漸惡化，她們根據他的狀況，烹調各種原形食物，保持食物的原味，做成不同程度軟爛的食塊，或者做成泥狀，一口一口慢慢的餵。即使偶有嗆咳，從來不曾發生吸入性肺炎，也不曾有過壓瘡。盡量抱到馬桶排泄，很少使用尿布，沒有插導尿管，因為失禁，將內褲縫上接尿器連結尿袋，皮膚保持乾爽。

周爸爸在家人這樣細心照料下，平平安安過了十年身上無管路、無傷口，不曾住醫院的日子。八十二歲時，兒女們都從外地回來探視，有一天他突然不願意進食，緊閉著嘴巴，兒女只好尊重父親的決定，不勉強他進食。這個過程中最糾結的是周媽媽。

有天媽媽把弟弟叫進房裡，鄭重而嚴厲的問道：「現在是什麼情況？你們幾個真的是要讓你爸爸餓死了，是不是？」說完嚎啕大哭。

弟弟是老么，她的心肝寶貝。弟弟一邊把媽媽摟在懷裡讓她盡情的哭，一邊俏皮地跟她說：「哎呀！誰說不給爸爸吃，要餓死他的？沒這回事！媽，您知道嗎？我們是不勉強他吃，不是不給吃。這樣吧！如果您不放心，三餐都由您來餵；吃的、喝的照樣準備齊全，爸爸吃多少算多少，不吃，我們就不強灌他，強灌了，萬一嗆到了，造成肺炎，您又給三姊添麻煩了。您覺得這樣好嗎？

弟弟說完後，媽媽還是倔強地餵，爸爸則固執的不張口，幾次來回攻防，他斷食的意志堅定，媽媽只好接受爸爸的決定。

斷食期間，周爸爸情況穩定，曾經精神特別好，面帶微笑跟家人一一點頭，好似在致謝，也像在道別。停止飲食七天以後，周老師在家人的環繞中，打了兩個噴嚏，露出靦腆的微笑，含笑而終。家人為他感到歡喜，很高興他脫離了病床，自由自在了。也很欣慰十年來親密的陪伴，沒有遺憾，留下許多美好的回憶。周女士把整個過程撰寫成書，感性、理性、智性兼具，成為失智症家屬和照護者很好的參考寶典。

這是一個失智症者過著無管人生，而且在家自然死的最佳例子。周老師的親屬們在這十年中學習到了很多應對老、病的照護方法，也深刻體驗了死亡課程，將來他們都知道如何面對其他長輩或自己的老病死，這樣的開放心態與能力將一代一代傳承下去。一個國家，擁有這樣經驗與能力的家庭越多，就有越來越多的人可以得到善終，既可以節省人力和經濟的負擔，也可以讓社會更穩定。

斷食往生並非創新而是「復古」，恢復人類固有的傳統。數十年來現代醫療的介入中斷了這種傳統。我有幸參與了一些菩薩的斷食往生過程，體會了自然死亡的圓滿無礙，期待人們經由學習重拾這種陪伴家人在家善終的能力，一旦開始，就能傳承下去。

二、一九六〇年代醫療大躍進的善與惡

黃帝是西元前兩千多年的人物，成書於西元一世紀的《黃帝內經》到現在還有人展讀。活躍於西元前五世紀的西方醫學之父希波克拉底（Hippocrates）的《希波克拉底文集》則是成書於西元前兩世紀。兩千多年前東西方的這兩本醫學經典，有許多至今仍受重視的「保健」和「養生」知識。然而醫學真正成為一門「科學」是在十九世紀後半葉，確立細菌等微生物是傳染病病源，環境及個人衛生與疾病息息相關，接生、手術前的刷手、消毒，明顯降低死亡率。二十世紀初抗生素和疫苗的發明更是大大提升了人類的平均壽命，甚至徹底消滅了曾經造成三點五億人口死亡的天花。

不過更大幅度延長人類壽命，甚至完全翻轉了人類死亡面貌的卻是一九六〇年代的幾項革命性發明。其中包括心肺復甦術、血液透析術（洗腎）、心律調節器，緊急救護系統和加護病房的設立，人工餵食管、呼吸器長期使用於病人，還有各種器官移植的發展。這些醫療科技的進展發生在短短不到十年裡，讓醫界一度以為人類所有的疾病都可以得到控制，沒有意外事故的話，人類將可以活到一百歲。

果然，在已開發國家，人類平均壽命已經達到八十餘歲，活到九十歲、一百歲是稀鬆平常的事。然而醫學可以讓人活得久，卻無法讓老人都活得好。「長壽病」成為新的醫療難題，失智症、癌症、退化性疾病、新陳代謝疾病、心血管疾病，讓許多人老得很痛苦，照顧者負擔沉重。二〇二二年九月，九十一歲的法國著名導演高達（Jean-Luc Godard）在比利時安樂死過世，家屬聲稱高達無病無痛，但活得「精疲力竭」。可見得光是「極老」就很辛苦了，何況許多老人還有身心失能或者慢性病纏身。

尤有甚者，加護病房有各種管路可以加諸病人身上，病人身旁有各種儀器，本來這些科技是為了救人，但常常只是延長了死亡。有了鼻胃管、點滴管、靜脈輸液管、氣切、呼吸器，只要醫師不放棄或者家屬不放手，許多病人失去了死亡的權利。若是住院日期太長了，會被轉往呼吸病房、護理之家、安養中心、自宅，繼續插著管子、躺在床上，不是幾天、不只幾週、不僅幾個月，在台灣養護中心的統計是平均躺十年，數十年者也有之。

醫療發達的結果，反而讓多數人沒有死亡自主權，其生命末期的遭遇掌握在他人——「家屬和醫師」的手裡。

一九六八年在一封致《英國醫學期刊》（*British Medical Journal*）、標題為「被剝奪的死亡」（Not allow to die）的書信中，倫敦查令十字醫院的病理學家西默斯（William St. Clair Symmers）敘述了一個令人不安的病例。

一位六十餘歲的退休醫師罹患胃癌，癌細胞已經轉移至淋巴、肝臟、脾臟，動過胃切除以及清除肺部血栓的手術後，他要求「不再以任何治療來延長性命，因為癌症的痛苦已超過他能忍受的程度」。但是兩星期後，他因為心臟病發，一個晚上就接受了五次心肺復甦術重啟他的心跳，醫療人員發現他陷入半生不死的狀態。一息尚存的老醫師又撐了三個星期，經歷無數次癲癇發作與突發性嘔吐。醫療人員以靜脈輸液、輸血、抗生素、氣切來阻擋肺炎，正當準備接上呼吸器時，他的心臟最後一次停止跳動。西默斯醫師寫道：「僅以此病例報告交付審查。本文不做任何論述或結語，留待讀者自行體會。」[3]

一九六九年英國艾姆瑞斯・羅伯特（Emrys Robert）醫師也投書到《英國醫學期刊》，標題是：「死亡與心肺復甦術」。他提到連續看到因嚴重疾病而痛苦不堪的病人，照顧者已經精疲力竭，病人身體不適送到醫院時，醫師仍然極力搶救，病人又痛苦的多活了幾個月。醫師的目標本是救人，如今演變成了盡量讓病人活著，極度痛苦的活著。

投書中他反問醫界：

看來，只要有擊退死亡的機會，吾等無不全力迎擊，不論病人和家屬需要付出的代價多高，好像都不該投降認輸。暫不討論酷刑凌虐等不人道行為，人對死亡的恐懼大致可以分為兩種：對死亡本身的恐懼，以及恐懼死亡到來之前必須承受的折磨。現在是怎麼回事？難道人們恐懼死亡又多了一個理由——恐懼心肺復甦術？

我輩醫者一向認為：行醫濟世最大風險是犯下致人於死的失誤。難不成現在最嚴重的錯誤竟是讓病人活下來？[4]

這些警告顯然沒有發生明顯的效用。

二〇一七年美國的潔西卡．齊特（Jessica Zitter）醫師在《臨終習題：追尋更好的善終之道》（*Extreme Measures: Finding a Better Path to the End of Life*）[5]書中，描繪了她擔任實習醫師的第一次心肺復甦術經驗。

我看到我必須緊急搶救的第一位病人，不禁倒吸了一口氣。病人的皮膚是灰灰的蠟黃色，髒兮兮的床單顯現腹部的輪廓，多年的營養不良和疾病摧殘，使他的肚子像洩了氣的球囊。一位住院醫師正幫他按壓胸部。她跪在床上，因為這樣比較好施力。每次按壓，病人的肋骨就發出一種可怕的喀答聲。

我不大明白這是什麼聲音，有人在我耳邊說：「他的肋骨快要斷光了。」

「再打一支腎上腺素。我們急救多久了？」資深住院醫師發號施令。

「二十二分鐘。」負責記錄的護理師答道。

「潔西卡，換你上，那就再按壓八分鐘，湊足三十分鐘。」

這八分鐘，每一秒都像蝸牛移步那麼慢。這番練習只是徒勞。

為了死馬當活馬醫，我對一具屍體施暴。

我心生恐懼：我是不是走錯行了？

這樣的場景在我的醫學生涯中也出現過許多次，因為醫療法規定當病人情況危急時醫護有急救的義務，三十分鐘是一個不成文的規定，表示醫護盡力了，足以給家屬交代。大多數醫師像我一樣，隨波逐流，沒有齊特醫師的反省力。齊特醫師本是胸腔暨重症加護醫師後來兼任安寧緩和科醫師，寫了《臨終習題》這本書推廣善終醫療。

她本來也是一位竭盡所能、以極力救活病人為目標的醫師。受到安寧護理師的影響，學習安寧緩和的觀念，兼任該科的醫師。工作中她耗費很多的心力在說服醫師與家屬「該放手的時候要放手」，給病人善終的機會，她把這些過程撰寫成書。台灣的安寧緩和醫學會成立於一九九九年，到目前該科的專科醫師也是花費許多心力在與家屬和其他科醫師的溝通協調上，致力於病人的安寧善終。

救活病人是醫師的任務之一，幫助病人得善終也是，甚至更艱鉅些。

齊特醫師舉出：呼吸器、餵食管、心肺復甦術，儼然已經成為醫療院所裡的三大處置，第四個也許是血液透析（洗腎）。她相信主要的原因有兩個。就算病人顯然已經快死了，沒有人願意擔負病人死亡的責任，有些醫師甚至不願意去告知病人或家屬該病人即將死亡的壞消息。不管是醫師或病人家屬，要做出撤除維生系統的決定，需要很大的勇氣、道德與品格的力量，只要有一個人堅決反對，就會陷入天人交戰。

一九六〇年代發明的各項高科技儀器擺滿加護病房，不論多麼病入膏肓，只要家屬或醫師不放棄，病人幾乎沒有真正死去的機會。死亡以前，病人通常接受了各種侵入性的治療。這種現象普遍發生在醫療科技發達的國家。歐美國家也有經歷這樣的過程，只是他們比較早開始覺醒，有了應對的政策。最主要的對策就是預立醫囑，當病人插管臥床一段時間，確認沒有復原機會時，就會依照其預立意願撤除維生系統，讓病人好走。

二〇〇八年奧斯卡最佳外語片《送行者》的原著《納棺夫日記》[6]書中有這樣的文字：

> 我工作早期，多數人在自己家中往生，總是常見到看起來像是柿子樹枯枝的遺體。
>
> 隨著日本經濟的高度成長，枯枝般的屍體漸漸不多見了。
>
> 幾乎大部分的人都是在醫院往生。

以前若是陷於無法以口攝取食物的狀態，就只能任由身體像枯枝一樣的消瘦下去；但現在因為能吊點滴補充營養，其造成的結果就是，從醫院抬出來的，是一具具泛黑的雙手布滿慘不忍睹的點滴針孔痕跡，時而在喉嚨或下腹部還垂著管線的浮腫遺體。

那樣的遺體不管怎麼看，都有種讓人揮之不去，像是劈裂活樹般的不自然印象，而不是給人如同晚秋枯葉散落那樣的自然感受。

不僅如此，現在的醫療機構，甚至不給人對死亡進行思考的餘地。

環繞在患者周圍的，是生命維持裝置、抱持著延命思想的醫師團，以及執著於生的親屬們。

對於面對死亡的患者來說，這就像是被安置在冰冷的機器中，孤伶伶地與死亡對峙一樣。結果，他們總是在無從對死亡思考、也無法從任何人那裡得到建議的情況下，迎接了死亡的到來。

這根本談不上是什麼「美好的死亡方式」。

一九九三年身為納棺夫的青木心門書寫了以上觀察入微、發人深省的文字。那應該是當時日本社會很普遍的現象吧！兩年後的台灣，全民健保啟動，步入相同的困境中。

我收到一封病人的孫女從美國寫來的 email：

我的阿嬤長期病痛，現在已經毫無生活品質可言，她活得非常痛苦。我媽媽身為主要照顧者，每天沒日沒夜地照顧她也很煎熬。我阿嬤現在的心願就是想快速、無痛苦地離世，但是我們不知道該怎麼做，所以我寫信給您，我真心地希望我阿嬤能盡快得到解脫……拜託您了，謝謝。

阿嬤現況：

1. 現年七十八歲，是二十五年洗腎患者。在洗腎過程中因發現頻繁的胸悶胸痛，無法自主呼吸，需要靠氧氣機才能呼吸，所以今年三月接受了開心臟繞道手術。

2. 開完心臟繞道手術後，在加護病房住了十九天。住在加護病房時，因肺高壓危象急救過兩次。出加護病房後，右腳無法行走至今。

3. 後續因全身血管嚴重鈣化，導致開刀傷口無法癒合，今年四月做了腳部血管橋搭手術，並一直在醫院住院直到今年五月二十五日出院。

4. 今年六月一日再度因膽囊炎、肝硬化及腹部積水再度住院。
5. 從今年六月開始陸續出現嚴重胸水、腹水、心絞痛、胸悶狀況，需要靠氧氣機維持生活。
6. 今年九月北上台大醫院檢查，發現今年三月開的心臟手術其中兩條血管已經又阻塞，二尖瓣修復後目前又出現有一半會逆流。目前三尖瓣嚴重逆流、主動脈鈣化，每週都需抽胸水、腹水才能繼續生活。
7. 有躁鬱症，是精神科患者（吃安眠藥、抗憂鬱藥已超過四十年）。
8. 有乾燥症無法吞嚥。
9. 每天只要吃東西後，食物到胃部就開始血壓下降並伴隨胃痛，導致無法順利進食。
10. 長期便祕，因曾經做過一年腹膜透析，之後才改血液透析。

目前阿嬤因為乾燥症導致吃飯都要打成泥漿狀加上食物油輔助才能吞嚥。因為長期便祕，所以需要靠服用軟便藥和灌腸才能排便。睡眠部分若沒有吃安眠藥就無法入睡，有時吃了四顆安眠藥都還睡不著，一整晚只睡半小時不到。

精神狀況若沒有吃鎮定劑和抗憂鬱藥就會非常緊張、焦慮、易怒和暴怒。現在因為反覆的胸腔和腹部積水，每隔幾天就要去醫院抽水才能繼續生活。目前台大醫院評估後，醫生團隊不建議做第二次開刀手術，醫生認為她復原的機率太低，手術風險太高。

阿嬤的個人意願是希望能夠在快速、沒有痛苦的方式下讓她離開。想請教醫生是否能建議目前台灣可行的方式來完成阿嬤的心願，謝謝您！

完整刊出這封信，是希望讀者感受一位受多重慢性病摧殘的老人要忍受多少折磨，可以想像照顧者有多麼的艱辛。

我和住在新竹的這位阿嬤還有她女兒通了電話，阿嬤說：「我想趕快去做天使！」問題是台灣沒有安樂死，我建議阿嬤停止洗腎，阿嬤怕不洗腎會很痛苦。我們三個人討論了斷食往生的可能性，阿嬤答應了。

然而，阿公不答應阿嬤斷食往生。越年長者越不容易接受家人斷食往生。

阿嬤洗腎的次數從三次減為兩次，醫師說洗腎效果已經很差，每次洗腎都要使用嗎啡才能止住心臟的疼痛。每個星期去抽胸水和腹水兩次，其實早上抽完，下午就又脹回來了。

我建議申請居家安寧給予舒適治療，當阿嬤吃不下時，不要勉強她吃。兩個月後，洗腎幾乎沒有效果，從兩次減到一次。阿嬤接受了居家安寧團隊的建議，停止洗腎，服用了適當的肌肉鬆弛劑和鎮定劑，終於會笑了，兩週後神智清明的安詳往生了。

阿嬤往生後，居家安寧群組裡傳來幾則照顧洗腎末期病人的經驗分享，她們發現到了洗腎無效的階段，停止洗腎後，人反而清醒，身體也比較輕鬆，兩星期到一個月左右就會安詳離世。

一九六〇年代醫療科技的革命性進展，創造了許多生機，延長了人類的壽命。但是也從此剝奪了人類自然死亡的機會，讓許多人求生不能，求死不得。百分之八十的人在醫院死亡，在家自然死的社會傳統式微，在短短的六十年中，人類群體失去了在家照顧臨終病人的能力。我們可能重建這種能力嗎？

三、全民健康保險實施前與後

一九八〇年我醫學系畢業開始行醫，早期的復健科只有公、勞、農保的病人，簡言之就是有工作的男性為主。沒有醫療保險的老人、家庭主婦、小孩接受復健治療要自費，所以復健科的兒童部門只在少數幾個醫學中心有。科裡自費的病人很少，因為復健的目的是要提高生活品質，並非攸關生死。而且復健的療程很長，一般人負擔不起。

記得有一位四十幾歲的女病人，因為車禍胸椎脊髓損傷造成下半身癱瘓、無知覺，她不曾接受復健治療，無法自行起床、操作輪椅，長期躺臥床上，也不懂得要經常翻身預防壓瘡。受傷一年後住進台大復健科病房，原因是臀部後面和兩邊的髖關節外側，共有三個深及骨頭的大面積壓瘡。我每次幫忙換藥，再長的棉棒都探不到底。過了幾天才發現這三個壓瘡在皮肉底下是相通的，只好用稀釋的優碘灌洗，換下來的紗布堆得像一座小山，那臭味可以傳到遠方的病房。病人入院時嚴重貧血，血清白蛋白也非常低，因為體液二十四小時不斷從傷口滲出，造成血液和營養的流失，所以需要輸血，還要打昂貴的白蛋白。但是病人家庭窮困，只好簽署學術免費。意思是醫療費用全免，但是病人死亡的話，要提供遺體作為解剖等學術研究。

因為背後和大腿兩側都有壓瘡不能受壓，所以病人只能二十四小時趴在床上，我們在她的胸前、腹部和腿部墊枕頭。病人需要定期用雙手撐起上身，家人幫忙定期抬起雙腿，避免在身體前側產生新的壓瘡。由於壓瘡面積實在太大太深，努力的換藥、輸血、打白蛋白、抗生素，病人卻還是營養不良，身體虛弱，傷口也無法縮小。有一天她先生外出買午餐，回來時發現病人已經氣絕身亡。

病理解剖的報告令人震驚，原來因為趴臥，壓瘡裡的「膿往低處流」，所以大腿與小腿的前側，外表皮膚雖然正常，其實組織深處都是膿，這是不管怎樣都無法清洗得到的無效腔（dead space），所以她遲早會死於敗血症（細菌經過血液跑到全身，引起休克）。我為她換藥的畫面，至今歷歷在目，窮人生不起病的悲哀也銘刻在心。

一九九五年全民健康保險開始實施，對復健科的發展有相當正面的影響。因為不管男女老少，有工作、沒工作，都只需要極少的部分負擔（重症者免部分負擔），就可以接受長期的復健治療了。兒童復健部門蓬勃發展，不但各大醫院都有，還有很多治療診所，提供腦性麻痺、發展遲緩、自閉、過動、語言障礙孩童的早期療育，因此改變了他們的一生。重度傷殘的病人也都可以接受長達數個月的治療，而能夠回歸家庭、學校、職場或社會。重度傷殘而自殺的病人明顯減少了。

不只是復健科蓬勃發展，其他各種專科也是如此。早期開腦部或脊椎手術可能只有幾家大醫院有，而且在北部比較多。如今全國各縣市的醫院，都有神經外科、脊椎骨科等各種專家提供服務。隨著醫療科技的進步，醫學專業人才的增加，疾病治療的效果越來越好，人民的平均壽命顯著延長。沒錢治病的現象，也越來越少。

然而我逐漸看到很多以前在早期就會死亡的案例被救活了（譬如高位頸椎脊髓損傷、嚴重腦中風、腦傷者），因為病情太嚴重，手術後並沒有復原的機會，復健也不會有效果。但是家屬不願輕易放棄，可能病人一根指頭的反射動作，都為家屬帶來極大的鼓舞，但是那離身體功能的復原實在太遙遠。如何讓家屬理解醫療有其極限，接受病人無法復原的事實，成了我們經常面對的挑戰，常常為了請家屬配合帶病人出院而被罵沒有良心。

被家屬罵是小事，這些家屬要一輩子照顧重度失能的病人，才是大事。家中的一位女性，經常是媽媽、太太，也可能是女兒、姊妹、媳婦，在負擔家務之外，還要扛起照顧病人的重責大任。這些女性因此失去工作的機會，在家照顧這位嚴重失能、生活品質極差，不會給你任何回饋，情況只會越來越差的親人。這在心理上是很大的折磨，在體力上也是很大的消耗，而且她的生命發展被局限了。很多女兒因此失業、失婚，從原本的海闊天空，被局限在一方小室與醫院之間。雖然也有男性作這樣的付出，但相對來講比較少。不論男女，我可以感受到這些照顧者的辛苦、無奈與犧牲，她／他們成為社會裡被雙層剝削的一群。

當然，對於那些重度失能、經年累月躺在床上的病人，也有很深的不忍。從前我害怕面對病人的死亡所以選擇復健科，沒想到後來要面對這麼多病人生不如死的躺在那裡，這種境況比死亡不知悲哀多少倍。隨著人口的老化，無效醫療的增加，這樣的病人越來越多，多到我一個小醫生，都可以感受到這是異常嚴重的社會問題。而且，這雪球以越來越快的速度，越滾越大！因為台灣的人口分布，從金字塔形逐漸朝向倒金字塔發展。老年失能的人口比例將越來越高，有生產力的年輕人口卻越來越少，而每多一位臥床的失能病人，社會的生產力人口就又減少一人（據稱台灣有一百多萬的家庭照顧者，平均照顧八年）。對一個家庭來說，家有長期臥床者是雙重的損失，對社會來講何嘗不是。

台灣的健保是「俗又大碗」的按件計酬制，醫師的收入根據門診人次、住院病人人次、開刀或檢查的次數來按件抽成。健保的給付點數，幾十年沒有調整，甚至還打折。以門診診察費來說，在台灣約三百元新台幣，在美國至少三百元美金。這間接造成了醫師薪資屬於「薄利多銷」的狀態。台灣的名醫一節門診可以看一兩百人，一般醫師平均至少要看幾十位病人，這應該是世界之最吧！開刀的給付和勞工差不多，所以醫師要開很多刀，且有越來越多的自費項目。同時台灣的加護病房、插管人口、洗腎人口、看病頻率、吃藥總量，樣樣都在世界上名列前茅。

醫院越蓋越多，醫療的資源越豐富，雖然提供了便利性，卻也創造了需求。台灣加護病房的密度高，每十萬人有將近三十一床，在世界排名第一，然而縱使這樣還是一床難求。根據健保署的資料，加護病房內有高比例的醫療行為屬於無效醫療，病人經過救治仍然在數週或數月內死亡，這些末期的治療其實只是延長了死亡的過程。雖然有調查聲稱百分之九十的無效醫療是因為家屬不願意放手造成的，但我也遇到許多求助的家屬描述醫師不願意撤除病人的維生系統，不論是鼻胃管或者是呼吸器。以養護之家為例，絕大多數不願意住民在機構內死亡，臨終的病人都被送往醫院急診處，也可能進入加護病房搶救。病人的痛苦被延長，且造成健保資源的浪費和排擠效應。

從民眾的角度來看，健保部分負擔便宜，滿街都是醫療院所，人們養成大小事都去看醫師的習慣。事實上民眾的健康，自己要負最大的責任，醫師只是從旁協助。「藥到病除」並非真理，病人若無法改變不正確的生活習慣，什麼仙丹都沒有用。醫師看診時間倉促，沒有時間好好跟病人討論，有些病人就到處看病、到處拿藥。醫師開的藥已經沒在吃了，也不好意思告訴醫師不用開了。養護機構或長期臥床病人的藥單通常很長，服用十種以上的藥物是很常見的。所有的藥，同時也可能是毒。藥物種類多容易引起不良反應，反而有害健康。

有養護之家的工作人員告訴我，他們經常在幫病人丟藥。我去斷食往生病人家裡探視時，也常看到他們有一大堆沒在服用的藥。幫他們分辨哪些藥物可以不用吃了，也是我的任務之一。我印象深刻的一個案例是，病人早就沒有痰了，但每次看診都還是拿回大盒大盒的化痰藥，放在櫃子裡。病人腦中風從來沒有癲癇發作過，醫師仍開了三種預防癲癇的藥，已經吃了三年。一般的腦中風並不需要吃預防癲癇的藥。腦部大出血手術後需要吃預防癲癇的藥，但若不曾癲癇發作，一年以內就可以停藥（需漸進式停藥，突然停掉可能誘發癲癇）。我經常提醒年輕醫師，不要聽到症狀就加藥，只記得開藥，卻沒有檢視何時該停藥。反正健保開藥不用自己花錢，養護中心工作人員和家屬通常不會向醫師反映哪些藥不用再開了，這實在是讓我感到納悶。大把大把的藥物被丟到垃圾桶，想到就令人難受啊！這不只是在浪費健保資源，也是對地球的不友善。

沒想到有一位居家安寧護理師說，有些時候是家屬有反映哪些藥沒有在吃了，醫師還是繼續開。她說有位癌末安寧往生的病人，家裡還有兩箱的藥，請藥劑師評估，這些藥價值三十幾萬元，因為包括了昂貴的抗癌藥。病人說不吃了，醫師還是照開。醫師的薪資規範，設定開藥沒有任何抽成，就是為了避免醫師開太多藥。據統計，台灣人用藥也是世界第一，看來有部分是浪費了。藥物的濫用是醫師病人都應該改掉的壞習慣。

由於醫療的便利性大增，民眾養成動不動往急診跑的習慣，輕病也送急診，造成急診大塞車，延誤了重症者的治療。疾病末期或老衰病危的病人往急診送，讓病人接受沒必要的心肺復甦痛苦而死，或者在加護病房作無效的救治，病人因此不得善終，且佔用了珍貴的醫療資源，造成醫療的浪費。

以前沒有全民健保的時候，很多人生病沒錢醫治，貧病交迫，很是可憐。不過若是罹患醫療也難以救治的重症，反倒有自然死亡的機會，不會拖太久。有了健保，患了任何重症莫不極力搶救，但是醫師不是神，醫療有其極限，造成了許多人墜入生不如死的深淵，苦了病人，拖累了家庭和健保的財務，間接的造成健保給付和費用核刪制度的不正常化。

我認識不少醫師以做公德的慈悲心，從事辛苦、給付偏低的居家醫療或居家安寧工作，還會遇到不合理的核刪，造成他們士氣低落。目前政府推廣「在宅善終」，如果沒有合理的給付制度，如何找到足夠的人力？人力本就不足，願意投入居家護理所職場的護理人員，又被限制每個月只能訪視病人四十五人次，口碑好，病人多，訪視次數超過時，只好自行吸收，當作做功德。這不是雪上加霜，更難找到新人加入嗎？

健保局對於每年耗費千億的無效醫療沒有管制的方針，卻在小地方以不合理的核刪來打擊士氣，讓有熱情有理想的醫護感到無奈。健保局為了防弊，常以考量金錢的心態來處理事情，對於大的弊端，沒能大刀闊斧從問題的源頭改善，卻對正派、苦心經營的醫護東扣西扣，實在是讓人怨嘆啊！

四、生不如死的悲歌

一九八六年，健保尚未實施。台糖退休的曹慶先生非常有遠見、有愛心、有魄力，一個人跑遍台灣大鄉小鎮勸募，秉持「救一位植物人，就是救一個家庭」的理念，成立創世基金會，陸續在全台各地設院服務，只要領有植物人或重度失能之身心障礙手冊、政府列冊中低收入戶證明、無法定傳染病的病人，即可申請入院。植物人需全天候照顧，創世二十四小時請專業護理及照護人員輪值，每隔兩小時為病人翻身一次進行叩背拍痰、隔天洗一次澡，以維持清潔，避免壓瘡的產生。病人若有緊急狀況，立即聯絡送醫治療。

據稱早期的植物人多半是摩托車騎士未戴安全帽腦外傷造成，目前服務對象逐漸擴展到「失能、失智、失依」三種年長者（合稱「三失老人」）。現階段全台設有十七家安養中心，住民容量約八百位，甚至提供失能者的居家服務，並照顧街友。

創世基金會是台灣第一個非政府組織設立收容長期臥床者的非營利安養機構，成立之初，幫助了很多家庭。沒想到三十七年後的現今，台灣的長期臥床病人已經是百倍數的成長，成為嚴重的社會問題。衛生署資料顯示，慢性呼吸照護病房住民約六千人，安養中心、護理之家住民約六萬人，聘用外籍看護者二十二萬人（因為新冠肺炎，人數比往年少了四萬人），家人自行照顧者難以估計。推測台灣至少有三十萬以上的人重度失能、長期臥床。用曹慶先生的話換個角度講，我們可以說：「一位失能臥床者的陷落，就是一個家庭的陷落。」

這些長期臥床者幾乎都有裝人工餵食管或者呼吸器，每個月的照顧費用就需要三、四萬元以上，相當於一個人的薪水。若是在家中照顧，常常還有一個人無法正常工作。平均的臥床時間是十年。這個家庭有十年過著身心俱疲的生活，經濟壓力沉重，無法有良好的發展。

住在養護中心或呼吸病房者，家人需要支付一個人的薪水（三到五萬元）外，還要加上醫療用品、營養品的費用。定期去探視，每看一次，傷心一次，因為孤獨住在養護中心的長輩，身體情況還可以時，會吵著要回家，住院後與外界隔離，情況一次比一次惡化。

有位朋友，她的父親因為帕金森氏症被送往安養中心，剛開始父親總是在晚上跌跌撞撞的逃回家，然後被抓回去，後來甚至晚上被約束起來。孝順的女兒抱著父親痛哭，拜託父親不要再逃跑，她保證每個週末帶父親回家。沒多久，父親連逃跑的能力也沒有了，因為插了鼻胃管，還是被約束。她在自己癌末臨終前兩天，還在跟我描述這件讓她萬分心痛的事情。

住養護中心，還有兩個問題。插管臥床多年以後，所有病人都會越來越頻繁的因緊急狀況而住院，三更半夜接到養護中心的電話，讓人心驚。平常工作不敢關機，連出國都不能安心。看著長輩每次住院、住加護病房那麼痛苦，心裡常想著下次不要救了。但是醫師一句「要不要救？」都是反射回答：「要救！」折騰多次以後，理智的回答醫師：「不要救了，讓他解脫吧！」醫師的反應卻是：「既然送到醫院來了，該做的處置都要做！」叫人無言。再者，病人臨終時，除了少數養護中心可以讓病人在機構往生，一律都是送急診處，最後病人總是經歷折騰的「醫療死」，讓家屬遺憾不已。

也有許多家庭不忍心把病人送養護之家，或者經濟能力不足以負擔，把病人留在家裡照顧。這樣對病人而言當然是比較好的，在自己熟悉的環境，由親人照顧，每天都會看到家人。但是誰來照顧？多半是家中的女性、年輕尚未成家立業或者提前退休的子女。我看過一篇報導，標題是「長照八年：我用自己人生最好的時光，延續老爸人生最痛苦的時光」[7]。若病人臥床時間更長，二十年甚至五十年，有一個人的人生完全賠進去了。若他／她不懂得求救，不懂得借重喘息服務，或者無法找到幫忙分擔的人，在極度的壓力下，就可能做出為了幫助臥床者解脫而殺人的行為，因而受到法律的制裁。在台灣，每年都會發生好幾起這樣的事件，日本稱之為「照顧殺人」。

《無人知曉的房間：長期照護下，走投無路的家人的自白》[8]是日本每日新聞大阪社會部出版的報導性書籍。他們採訪了照顧殺人的加害者，請他們描述照護過程的困境、殺害家人的緣由以及家人死亡之後的心情告白。書封的一句話「家中最有責任感的人，被長期家庭照護擊潰的瞬間」道盡了千言萬語。一位弒母的孝子，試圖自殺被救回，法官因為其情可憫判了緩刑，但是他因為弒母而悔恨不已，抑鬱而終。曾經日本有每八天發生一起照顧殺人的紀錄，台灣也是每年都有數起這類的悲劇，但那些崩潰弒親的人只是冰山的一角，瀕臨崩潰或者心力交瘁的有多少人，又有誰看見？誰來拯救他們？

本書中向我諮詢如何讓受苦家人善終的，也都是主要的照顧者，家中最負責任的人。會遺棄失能親屬的人，是不會出面的。

經濟狀況較好的，可以請外籍看護在家裡幫忙照顧，但加上病人的各種生活費用，花費也是大約一個人的薪資。即使有外籍看護，家裡仍有一個人被綁著，應付病人身體照顧以外的許多事務。病人癱瘓程度嚴重時，坐上馬桶、洗個舒服的熱水澡，沒有兩個人是很難做到的。

我訪視了幾位長期臥床的老人，就算是中產階級以上的家庭，通常房間不大，光線也不佳。總是一張電動床擠在陰暗的房間角落，上面躺著一位四肢蜷曲、嘴巴張開、兩眼無神的衰弱老人。旁邊的地上擺著外籍看護的床墊和衣物。我們只是進來幾分鐘，心情就低落，他們是一年三百六十五天，每天二十四小時躺在那裡，還不知道要躺幾年才能解脫！

有位女兒告訴我，她的母親白天由照服員照顧，下班以後由她照顧。有時晚點回家，照服員已經離開，一進門整間房子壟罩在黑暗中，唯有母親的臥房開著一盞小小的燈，這種景象讓人感到心酸。手還能抓握的母親，也許是不舒服，也許是焦慮，把身上的尿布撕得粉碎，空氣中、床上、床下飄著四散的棉絮。她留著淚收拾這一切，那個受日本教育，原本愛美、有氣質又愛乾淨的母親露出無辜的眼神望著她，愧疚的說著：「我沒有撕破尿布喔！」

這位母親告訴我：「女兒和女婿好孝順，每天下班騎摩托車回來照顧我，我臨時不舒服，也會趕回來看我。我很擔心哪，都叫他們慢慢騎。我躺在這裡太痛苦了，也不想再害他們了，我希望趕快回去天上。」女兒白天上班，晚上當母親的看護，過著蠟燭兩頭燒的日子。母親八十三歲，女兒也六十歲了，背負得起這樣的身心重擔多少年？

「老老相顧」是另外一種困境，兒女都到外地去發展了，留下兩位衰弱的老人在老家。有些老人家不願意家裡有外人，子女要請外籍看護幫忙照顧兩老，若有一位長輩堅決反對，就只好辛苦比較健康的那位長者。常常那位照顧者竟比被照顧者先走一步，留下來的這位只有送養護中心一途了。

慢性呼吸病房是另外一個我無法想像的煉獄，我很欽佩有醫護人員願意在這種毫無生機的環境工作。《臨終習題》[9]作者齊特醫師在書中轉述任職呼吸病房醫師的心情：

那裡的環境就像工廠，一個又一個安靜無聲的人，躺在相鄰的病床，機器呼呼在運轉。他幾乎沒有看過家屬來探視，而他的病人通常沒有意識或無法溝通。畢竟來探視需舟車勞頓，更何況看了也是痛苦。他說，照顧這些永遠回不了家的病人，讓人備感心酸，只覺得心灰意冷。

使用呼吸器的病人，同時都有插鼻胃管或者做胃造口，還有裝導尿管或者包尿布。我曾經去探視過這樣的病人，病人被包圍在數枱機器與一堆管路之間，每天都要餵食、抽痰好幾次。以我復健科醫師的背景，都難以想像工作人員如何在一堆管線之間幫他們定期翻身避免壓瘡？如何定期做好關節的被動運動和身體清潔？感覺上困難度很高啊！由衷欽佩這裡的工作人員。但是這麼辛苦的付出，沒有正向的回饋，病人情況只會變差，不會改善，對他人受苦的敏感度越高的照顧者，是不是心裡越感到難過？

這些人到底是活著？還是死了呢？他們的家人和健保局每年花費巨額的金錢，讓這些人躺在這裡受折磨，到底有何意義？是誰的需要？又是誰的意願呢？

北歐國家的人民如何做到在死亡前臥床的時間只有幾星期，頂多幾個月？這些插管臥床又意識不清的人，急性期插管治療後，觀察幾星期或幾個月，確認沒有復原機會的話，就應移除這些維生系統，這不是天經地義該做的人道處置嗎？

在台灣不是家屬不願意放手，就是醫師不願意撤管，他們是被什麼價值觀集體綁架了呢？

五、超高齡社會的挑戰

在台灣，六十五歲以上的老人人口於二〇一八年達到百分之十四（三百六十萬人），正式進入高齡社會。預計於二〇二五年，老年人口將佔台灣人口的百分之二十（四百六十八萬人），稱之為超高齡社會，屆時每五個國民當中就有一人超過六十五歲。

日本於一九七〇年成為高齡社會，二〇〇五年進入超高齡社會，到二〇二五年所謂的「團塊世代」（一九四七到四九年出生的嬰兒潮人口）步入七十五歲，七十五歲以上老人將佔總人口的百分之十八，六十五歲以上老人佔百分之三十，可以稱之為「超超高齡化」社會了。

二〇一七年日本《朝日新聞》出版《二〇二五長照危機：理解在宅醫療實況，

起造一個老有所終的長照美麗島》[10]示警老人快速增加，伴隨少子化的社會，將出現各種危機。台灣的情況較之日本慢了二十年，我們是否能掌握先機，以日本為借鏡，將危機及早化解呢？

老年人口大幅增加時，日本稱之為進入「多死時代」，甚至可能連火葬場都要大排長龍。每年的死亡人口增加，日本百分之七十五的人在醫院死亡，那麼醫院的病床將不敷使用，排擠了其他需要醫療資源的人。或者老人沒有辦法進入醫療體系，必須在社區安寧，社區安寧的需求將在短時間內大幅增加。

人口老化，社區安寧的量能勢必需要快速增加。台灣國健局推廣「在宅善終」的方向是正確的，但是需要有完善的配套措施，才能落實。其中人才的培訓，合理的給付應是當務之急。目前病家不是很容易找到配合的居家安寧療護團隊，而秉持熱情已經在提供服務的團隊，卻感嘆給付不合理，申報處處受限（譬如每位工作人員每個月只能申報四十五服務人次），還常常碰到費用的核刪。因為給付不足，為數不多的居家安寧醫師還必須兼做其他業務，例如另外開診所，這樣就限縮了其服務的機動性。這種狀況下，願意投身居家醫療或居家安寧的醫師當然為數就不多。

養護機構要是能夠接受住民就地安寧，可以減少許多沒有必要的臨終送醫。機構人員已經有基本的照護訓練，多半有判斷病人是否已經進入彌留狀態的能力，如果改為通知家屬來作最後的陪伴和道別，而不是聯絡家屬將病人送急診。這可以讓病人有善終的機會，也減少了許多資源的浪費。

我收到一封這樣的求助信：

家父二〇一二年因腦中風開刀後已臥床十年，父母親在我九歲時離異，母親再嫁便沒有再聯絡，我則寄人籬下四處漂蕩。父親術後第一年還能張口吃飯，第二年就急速惡化需鼻胃管灌食，於是安排父親入住護理之家，爾後陸續出現周邊動脈阻塞、下肢血液循環不良，左腳大拇趾發黑手術切除，近期護理之家反映父親左腳食趾也有發黑狀況。

臥床這十年，長期下來我的經濟負擔真的非常沉重，也不敢奢求自己還能有什麼幸福的未來。爸爸的狀況每況愈下，護理之家主任五年前就已經說爸爸的狀況其實符合「安寧」狀態，但實際情況又「不符合安寧緩和條例」，即便送醫院，一定會有被退貨的可能，在他的生命品質如此低劣的情況下，我也只能硬著頭皮讓他在機構有舒服的床和照護環境，表面上的「舒適」，其實對我跟我爸而言是無盡的折磨，身、心、時間、金錢一點一滴的損耗。於是我查了又查，還能有哪些自救的方法，終於查到一線曙光，拜讀了畢醫師的著作《斷食善終》，對我而言受用無窮，也希望能用「斷食往生」的方式讓爸爸這十年來的折磨能劃下句點。請問畢醫師，現階段有沒有因類似無法在家安寧的案例有找到醫院或機構願意收容施行「斷食善終」的病患？

這位女兒很年輕，才三十一歲，父親病倒時她還在上大學。通話中，我同情的問她：「你二十一歲開始就負擔爸爸的安養費用長達十年喔？」電話那頭她啜泣起來。「剛開始靠父親的勞保殘障給付，後來賣了父親的老舊小房子，現在靠我一個人的薪水。我是他唯一的監護人。」我說：「你還年輕，我們讓父親離苦得樂，你還是可以有美好未來的！」她又哭起來。

我提到不得已可以轉介到願意幫忙的安寧照護病房拔管善終，請她試試看能否在原來的護理之家就地安寧？

有了退路，她去和護理中心負責人討論。幸運的，護理主任說不忌諱病人在安養中心死亡，她們願意停止所有的積極治療，減少食物和水分的供應，但是需要有醫師開立診斷書記載明確的醫療指示。會診的醫師說他不認識該護理中心，不敢背書讓病患在機構斷食往生，無法開這樣的診斷書，所以此路不通。照法規居家安寧團隊也可以在機構收案，但聽說特別容易被核刪，所以這種合作模式也不多。最後病人被送到外縣市醫院的安寧病房拔管善終。

我常接到老衰病人日漸衰弱，昏睡時間變長，緊閉著嘴，不願意吃喝的家屬來諮詢。病人都九十幾歲了，但是家屬之間為了要不要送醫院而意見不合。我告訴來詢問的家屬，病人已經進入臨終狀態，順其自然就好，吃多少算多少，不強迫，生命跡象紊亂也不用擔心，那是死亡的自然過程。但有家屬覺得病人看起來不舒服，希望讓病人到醫院比較舒服，我回說：「光是把老人家搬上救護車，一路顛簸，再換到急診處的推床，病人就更痛苦了，更不要說再做一大堆檢查和醫療處置了。你們一定會簽拒絕急救吧！那急診處一定是要求帶回家，不是來回白折騰了嗎？」

這裡隱藏了一個問題，幾十年來很少人在家死亡，缺乏「死亡識能」（臨終知識和照顧能力），因此人們不知道如何面對臨終的家人，不知道能為他們做什麼，心中有很大的恐懼與焦慮。假如在宅善終能夠普及，一旦家人有過臨終照顧的經驗，就可以傳承下去。但是需要足夠的居家安寧團隊來陪伴、教育這些第一次面對此狀況的家庭。

社區的居家服務員與看護在居家安寧的服務上，也可以協助家屬，只是他們照顧臨終病人的意願不高，可能仍存在對死亡的忌諱與恐懼，這也需要加強推廣和訓練。

隨著人口老化，失智人口也將增加。二〇二一年十二月內政部統計台灣六十五歲以上老人共三百九十四萬人，失智症有三十萬人。每五歲之失智症盛行率分別為：六十五至六十九歲百分之三點四、七十到七十四歲百分之三點四六、七十五到七十九歲百分之七點二、八十至八十四歲百分之十三、八十五至八十九歲百分之二十一點九、九十歲以上百分之三十六點九，年紀越大盛行率越高，七十歲以上每五歲盛行率有倍增之趨勢。

在先進國家，失智症極少給予鼻胃管人工餵食，日本的人工餵食案例比西方國家多，但是以給予胃造口為主，對病人來講是比較舒適的方法。日本二〇一七年統計，胃造口人數有四、五十萬人，台灣管灌餵食的人口數與日本接近，但是日本人口是我們的六倍，顯示我們管灌餵食的人口是日本的五、六倍。國內使用鼻胃管的人口佔大多數，胃造口的相對少很多，使用鼻胃管者睡夢中常不經意的拔除餵食管而被約束。手腳被綁著是要如何安眠？實在是極不人道。

失智症、帕金森氏症、腦中風等老人病造成嚴重失能，病程很長，多年需要照護人力和資源，是一個日益嚴重的社會問題。台灣的少子化嚴重，有生產力的人口越來越少，但是需要照護的老年人口越來越多，將成為年輕人不可承受之重。房價過高，薪資過低，家有長者要照顧，年輕人對未來沒有盼望，更不敢結婚生子，將來會有更多的獨居者，他們的照護問題將更為棘手。

要在短時間內增加更多的照護中心，更多的照護人力，都是極其困難的。如果這幾十萬插管臥床者，能夠離苦得樂到天上去作神仙，而不是躺在有如地獄的植物園裡，我們的健保財務可以更健全，我們的照護機構和人力，可以提供更好的服務給輕、中度失能者，每個家庭的負擔也可以減輕。

台灣的健保費用將近四分之一（約兩千億元）使用在重症末期的無效醫療，住在養護中心的病人有六、七成是無意識者。他們經常反覆住院，使用的醫療費用是國人平均費用的好幾倍。慢性呼吸病房的病人其家屬負擔沉重，但是每年健保局也要花費百餘億元（每人每月九萬元，約六千人）。老年人口快速增加的情況下，無效醫療和插管臥床的情況將爆增，如果健保制度不改革、醫療行為不改變、病人及家屬心態不調整，將為健保財務帶來重大打擊，社會也要付出很大的代價。有越來越多插管臥床的人，就會有越來越多的家屬生活在愁雲慘霧之中，對整個社會發展而言，非常不利。

目前在大林慈濟醫院工作的吳育政醫師，年紀輕輕就已經看出這些問題，在網路有一個「如果花一百萬元，讓一個人多活一天，這算不算有效醫療」的短片，探討無效醫療的議題。他也是得獎紀錄片《一念》（*A Decision*）的重要參與人，該片探討安樂死的必要。我看到他投稿「點子松」未來新聞競賽的文章，會心一笑。

健保改革十週年　成效斐然傲全球

二〇三五年三月一日，台灣大學國際會議廳，健保實施四十週年紀念大會，總統、政府首長、醫界及社會各界重要人士等等都出席參與。

總統發表談話指出，前三十年的健保著重於國民皆可無負擔的就醫；而近十年的健保則減少無效醫療，強調活得有尊嚴。二〇二五年因為人口老化，醫療需求日益增加，健保入不敷出，面臨破產的危機。當時，以機器維生、長期住院的末期醫療佔健保支出的一半，但是病人並無受益，卻使人性尊嚴蕩然無存。政府決定逐步提高這類病人的部分負擔比例，每年增加百分之二十，二〇三〇年到達百分之百，等同健保完全不給付。伴隨著政策的調整，此類病人因家屬同意撤除維生設備而自然往生，漸漸減少。近五年來，幾乎已經沒有了。

健保署長分享二十年前在醫院行醫的故事：一位八十五歲的失智阿公，因為末期慢性阻塞性肺病導致呼吸衰竭，入住加護病房。在治療後，病情改善，成功脫離呼吸器及拔除氣管內管。他平常最好的狀態就是給予氧氣，但還是很喘。

他告訴家屬，依據醫學推測，如果再次呼吸衰竭插管的話，恐怕得要終身依賴呼吸器，建議是否考慮簽署「不插管同意書」。家屬有人贊成，有人反對，於是沒有人敢簽同意書。

兩個月後，阿公再度因末期肺病被插管、接呼吸器，住進加護病房。三週後，轉入呼吸照護中心。再六週後，轉入慢性呼吸照護病房。一如先前所料，阿公始終脫離不了呼吸器，拖一年後，家屬都後悔當初做了錯誤的決定。再過兩年半，阿公死了，總算脫離呼吸器，離開醫院。

署長感慨地說，這是一個真實的悲劇。雖然家屬有責任，但是健保給付制度才是最大的幫凶。所幸的是這十年的健保改革，現今悲劇不再復見。

台大校長也發表觀點：健保從實施以來，在全球評比向來名列前茅，但也因為便宜濫用，打造了一個人間地獄——醫院的呼吸照護病房。住在這種病房的病人大多數意識不清，每天依賴呼吸器、管灌飲食、按時翻身、抽痰，才得以存活。姑且不論每年幾千億元的健保醫療費用，試問這種生活是否是病人想要的？是在照護病人，還是在折磨病人？總算因破產而改革的健保，消滅了人間地獄，讓病人活得更有尊嚴，也讓國家社會變得更文明。

大會最後，放映紀錄片《健保四十，大家更好》。片中回顧健保帶我們走過的難關，包括一九九九年九二一大地震、二〇一九年新冠肺炎爆發、二〇三〇年禽流感肆虐等等。看完影片後，觀眾都深受感動，爆出如雷的掌聲，讚歎健保傲視全球的成績，為大會結束劃下完美的句點。

逐年提高部分負擔，這當然是玩笑話。但是如何減少無效醫療，減少插管臥床病人，確實是當務之急，需要健保署、醫療人員、民眾共同的努力。

一、在家自然死是人類固有傳統

註1—《生命的最後一刻，如何能走得安然》，瑪格麗特・萊斯著，朱耘、陸蕙貽譯，四塊玉文創，二〇二一。

註2—《記憶空了，愛滿了：陪爸爸走過失智的美好日子》，周貞利，天下雜誌，二〇一四。

二、一九六〇年代醫療大躍進的善與惡

註3—《偽善的醫療：理解醫療的極限，讓摯親適時地離去，才是真正愛他的最好方式》（*Knocking on Heaven's Door*），凱蒂・巴特勒（Katy Butler）著，王以勤譯，麥田出版，二〇一四。

註4—《二十一世紀生死課》（*Modern Death: How Medicine Changed the End of Life*），海德・沃瑞棋（Haider Warraich）著，朱怡康譯，行路出版，二〇一八。

註5—《臨終習題：追尋更好的善終之道》（*Extreme Measures: Finding a Better Path to the*

End of Life），潔西卡．齊特（Jessica Zitter）著，廖月娟譯，天下文化，二〇一八。

註6—《納棺夫日記》，青木心門著，蕭雲菁、韓蕙如、廖怡雅譯，新雨出版，二〇〇九。

四、生不如死的悲歌

註7—〈長照八年：我用自己人生最好的時光，延續老爸人生最痛苦的時光〉，https://www.gvm.com.tw/article/95377。

註8—《無人知曉的房間：長期照護下，走投無路的家人的自白》，每日新聞大阪社會部採訪組著，石雯雯譯，寶瓶文化，二〇二三。

註9—《臨終習題：追尋更好的善終之道》，潔西卡．齊特著，廖月娟譯，天下文化，二〇一八。

五、超高齡社會的挑戰

註10—《二〇二五長照危機：理解在宅醫療實況，起造一個老有所終的長照美麗島》，朝日新聞二〇二五衝擊採訪小組著，黃健育譯，商周出版，二〇一七。

第二章

找回生命自主權

一、拒絕無效醫療

要避免落入生不如死的絕境，拒絕或避免無效醫療是首要原則。譬如拒絕插管比事後要求撤除維生管路在醫療實務上要容易得多。插管以前醫師通常會徵求病人或家屬同意，撤除管路就需要兩位醫師鑑定等複雜程序，願意幫忙撤除管路的醫師相對來說比較少。不過拒絕無效醫療，家屬需要很多的醫療常識和心理準備作後盾。

無效醫療的英文為 medical futility。「futility」是源自拉丁文「futilis」，本意為「易漏的」。意指，一個無效的行動無論重複幾次，也無法達到目的。美國醫學協會（American Medical Association）將無效醫療定義為：治療病人時，若醫療處置無法帶給病人好處或復原，只是延長其末期的死亡過程，則被視為無效醫療。

據統計，台灣每年全民健保的費用中約有兩千億用在病人死亡前的幾個月。從這個角度來看，是醫療費用的浪費，健保支出的壓力。然而若從人性的角度來看，許多人在死亡前接受了對病情沒有幫助，只會帶來痛苦的醫療，並且被剝奪了在家自然死亡的機會。誰該負起這個責任呢？可能是醫師，也可能是病人或家屬，最可能的是雙方都有責任。當然，也包括病情演變的難以預料，或個人體質的差異。因為有些時候，醫師以為有救，最後還是沒有救回來。

我擔任復健科第一年住院醫師的時候，照顧過一位癌症臨終的老婦人，她是我們科護理師的母親。護理師的父親因癌症治療痛苦離世，所以當她母親也有相同癌症時，她們決定採自然療法，竟然又活了好幾年，直到呈昏睡的彌留狀態時才住院接受支持性的照顧。印象中有打點滴，現在我知道其實點滴是多餘的。我曾在《大往生》一書中讀到：癌症沒有痛苦，是治療癌症產生了痛苦。覺得在某些情況，尤其是老人，自有其道理。（現在對於癌症的治療有很大的進步，早期發現，治療效果良好的癌症當然不在此列。）

中村仁一醫師在八十歲的時候，得到肺癌，他稱老人的癌症是「壽癌」，他沒有接受治療。一年後因為呼吸喘，使用了氧氣，他並沒有癌症帶來的任何疼痛，也不曾服用任何止痛或鎮定劑。他清醒的體驗死亡的過程，二〇二一年五月於家中客廳安詳往生。他做到了他書中陳述的「過了人生賞味期重病不治療，拒絕醫療死，在家自然死」的承諾。

我四十幾歲時，有一位醫師同事在努力拚副教授升等的壯年罹患胃癌，因為腫瘤已轉移無法開刀，採取化療。那個時代化療的副作用比現在更明顯，很快的他的白血球下降，免疫力被嚴重破壞。為了怕感染，就住進加護病房的隔離帳裡。妻子只能隔著帳子與他說話，孩子們根本不能來探視。後來他也知道自己將不久人世，拿著錄音機用僅餘的體力，錄下送給孩子的話，每年的生日錄一段，錄到兩個小孩都二十歲。從事後的結果看起來，這是無效醫療。我現在想起來都覺得鼻酸，他獨自受了那麼多的罪，沒有家人的陪伴。從開始治療到死亡都待在醫院裡，一個人孤獨的死去。

假如不接受治療，可能活幾個月，可以好好陪伴家人，想去什麼地方、想做什麼事情、想見什麼人，都可以安排達成心願。甚至可以辦一個盛大的生前告別式，回顧人生，與親友好好道謝、道愛、道別。這件事情讓我深刻感受到晚期癌症的西醫治療是拿身體當戰場，不但被關在醫院受罪，壽命還更短。

二、三十年過去了，癌症治療有了長足的進步，但是擁有十八般武藝的醫師，更加藝高人膽大。加上癌症越來越年輕化，病人無論如何救到底的決心也越來越強大。雖有全民健保支付費用，但仍需負擔一大堆昂貴的自費項目。縱使如此，還是看到許多人在癌症末期仍接受無效醫療，悲慘的死在醫院。

癌症的無效醫療還不是最悽慘的，可能是受罪幾個月，無法延長甚至縮短了壽命。嚴重腦中風、腦外傷的無效醫療，病人的生命跡象可以被救回，但是病人的智能、肢體都是嚴重失能狀態。之後，靠著鼻胃管或者呼吸器，無意識的躺在床上數年甚至數十年，這是病人和家屬不可承受之重呀！

有位學姊和先生在美國行醫多年，夫妻一起到加拿大開會的時候，學姊中風，腦部大範圍出血，已經壓迫到腦幹了。加拿大是公醫制度，醫師說假如是加拿大公民，這種情況不允許開刀，健康保險不會給付，因為就算命救回來了，也是植物人。但是事發突然，學姊的先生幾乎崩潰，強烈要求無論如何盡量救治。加拿大醫師說：「好吧，你們是美國人，既然你們要負擔費用，要開就開吧！」一個多月以後，治療無效，學姊還是往生了。這樣的結果還不是最糟，若她勉強活下來，一定終身纏綿病榻，我相信不出幾個月，她先生就會後悔了。加拿大的醫療制度，限制無效醫療的費用給付，這是很好的控制費用政策，對病人和家屬也是有利的。

另外一位朋友也住在美國，她先生站在梯子上剪枝葉，不小心摔落地上，因為腹部劇烈疼痛，送到急診處。沒想到在喝顯影劑做消化道檢查時，嗆咳導致窒息，急救後戴著呼吸器，心跳雖然復原了，但是神智昏迷。經過幾週觀察期以後，醫師判定沒有復原機會，建議移除呼吸器。她是先生的委託代理人，百般煎熬，最後簽字撤除呼吸器。不過，這也曾經成為她的嚴重心結，理智上理解，情感上她還是自責：先生信任我，讓我擔任他的代理人，我怎麼可以放棄他呢！我勸她這個決定是正確的，否則兩人都受苦。時間久了，她才慢慢放下了。

看來讓家人代替病人做出拒絕無效醫療的抉擇，非常煎熬，需要醫師明確的分析療效，告知預後，可以幫助家屬作決定。也曾有神經外科醫師，跟家屬解釋得很清楚，病人開完刀會是植物人，但還是有家屬執意救到底，他現在會拿《斷食善終》這本書給家屬看。

如何避免無效醫療，我分四大類來討論。

第一類是癌症。

要看是哪一種細胞的癌症，是否有效果良好的治療藥物，目前是第幾期，了解其治癒機會有多高，再來決定是否接受侵入性治療。因為西醫治療是把身體當戰場，自己的本錢要夠，求生意志力夠強，才有勝算的機會。若是病情嚴重，治療效果不佳，還不如靠自然療法，改掉不好的生活習慣，壯大自己的自癒力，可能活得好又活得久一點。譬如做身心靈的治療，將壓力減到最低（壓力是造成癌症的主要原因之一），提高快樂指數，早睡早起睡眠充足，均衡健康的飲食，規律的運動，多接觸大自然，做自己喜歡的事情。每個人身上都有癌細胞，隨著年紀增長而增加，在我們身體狀況好的時候，它們無法坐大，但當我們身體太疲勞或壓力太大，它才會快速長大甚至擴散。

不過千萬不要相信一些貴森森的仙丹、仙藥、仙液能治癌症，天下沒有這麼好的事，自己的健康自己顧，還是要靠建立良好生活習慣，維持身心平衡，才能保有健康，或者延長與癌症共生的存活時間。

有位三十五歲女孩被診斷淋巴癌末期，化療過程很痛苦，但是病情沒有改善。醫師建議標靶治療，每個月自費三十五萬元，她的保險只能支付十四萬元。

我問：「標靶治療效果如何？」

「醫師說他也沒有把握。」

「要治療多久？」

「至少三個月，若有效，還要繼續。但是每隔幾個月就會有抗藥性，還要換藥。」

她沒有這麼多錢，想要把錢留給相依為命的媽媽，多陪陪媽媽。

我建議她採用上述免費的自然療法，盡量多陪母親一段時間。

健保每年花兩千億在插管臥床以及末期的無效治療上面，這麼年輕的癌症病人，若是標靶治療有效，也可能因為付不起昂貴的自費治療，而失去了生機，真是令人遺憾。

第二類是突發的急症，如腦中風、腦外傷、腦炎、心臟病或其他內臟疾病等。這時候送醫急救是必然的反應，但是如果難以復原，遺留嚴重失能或者終身需依賴維生系統，最好在一兩個月以內在住院中作決定，停止治療，撤除維生系統，還可以亡羊補牢，避免長期臥床。若是轉往養護之家或帶回家照顧，這時要找單位撤除維生系統，就變得更加困難了。目前願意收容病人住院拔管善終的單位寥寥可數。

話又說回來，急性期要求放棄也不是那麼容易，因為家人還陷在捨不得的情緒中，醫師也可能鼓舞家屬病人還有機會。一種情況是放了氣管內管，一段時間後醫師會徵求家屬同意做氣切，接呼吸器。如果確定預後很差，家屬有共識，可以拒絕。若是確定復原機會渺茫，另一個方法是簽署違抗醫囑自動出院（against advice discharge, AAD），把病人帶回家後拔管。病人拔呼吸管以後多久會死亡，難以預料，也有人拔管以後又活了過來，拔除鼻胃管後大約十天才會離世。最好是先接洽居家安寧的團隊，事先有所準備，幫忙後續的照顧。

有位七十五歲的女性，全身無力、疲倦、眼皮下垂，到處就醫，找不到原因，復健和藥物治療都沒有效。有一天突發心跳停止，經過急救後，插管但無意識，此時才診斷出是罹患重症肌無力。急救過程呼吸心跳停止十分鐘，腦缺氧嚴重將成植物人，沒有復原的可能。家屬當時不懂，也沒有任何醫護人員跟他解釋，結果做了氣切，插管臥床三年。還好病人的獨生子找到願意幫忙拔管的醫師，才終止了母親與他的不幸。母親已經過世一年多了，住安養中心所積欠的費用，因為被告到法庭，改分期付款，到現在還沒有付清。

這位母親住安養中心期間常常出狀況住院，其獨子每次簽拒絕急救，常有醫護嘲諷：「你媽媽身體很好啊！為什麼要拒絕急救？」多次拜託醫師幫忙撤管，醫師說他沒有權限做這件事，也有醫師問：「你幫母親保了很高的壽險嗎？為什麼這麼希望母親趕快走。」這些都成了他心中長久的創傷。看見家人插管躺在那裡，家人心裡很苦，尤其長輩又交代過不要這樣沒尊嚴的活著，這是他們想放手的最主要原因啊！當然，因此欠債累累，也是很現實的問題。

這位兒子告訴我：「我媽媽根本是安養中心和合作醫院的搖錢樹！我早早簽了拒絕心肺復甦術，希望媽媽早日解脫。媽媽就在安養中心、住院、檢查的輪迴中度過悲慘的三年。安養中心的工作人員偷偷告訴我，媽媽已經呼吸心跳停止，仍被偷做心肺復甦術救回送醫院，每次住院都做一大堆檢查，我兩邊都要付錢。」這是家屬的個人經驗，請勿對號入座。

這位媽媽大腦功能衰竭，沒有語言吞嚥能力，四肢不能動彈，只剩下自主的心跳和腸胃的蠕動，在我看來與死亡僅一線之隔，任何治療都無意義，然而還是有醫護認為這樣「身體很好」，還勸家屬讓病人去做自費的高壓氧治療，改善腦部功能。醫護被教導盡量救人，不能讓病人死亡。這樣的價值觀非常根深柢固，家屬要有很強的背景知識、判斷力和意志力，才有辦法突破這個框架。

第三類是慢性退化性疾病，如失智症、帕金森氏症、漸凍症、小腦萎縮症、肌肉萎縮症等等。

通常病人都是先從走路不穩開始，然後手部功能退步，失去行動能力，最後語言吞嚥功能變差，有些疾病連呼吸功能都會變差。當吞嚥功能不好的時候，其實日常生活已經無法自理，生活品質低落。吞嚥功能不是突然喪失，是逐漸變差的。可以從固體食物，改為煮爛的食物或磨成泥狀，小口小口的餵。水或湯裡加蓮藕粉或增稠劑攪拌，增加其黏稠度，可以避免嗆咳[1]。當病人無法吞嚥，吃不下也喝不下的時候，就是要關機了，可以安詳往生，並無痛苦。

本書第一章介紹周貞利女士所著《記憶空了，愛滿了》，描寫其父親失智十年的照顧方式，就是最好的典範。

生不如死長期臥床的病人，主要是靠管灌餵食和呼吸器延後死亡的。所以最關鍵的兩個無效醫療就是插鼻胃管和氣切。假如是為了急救，為了疾病的復原暫時使用以上兩種維生醫療，當然是要接受的。如果是病人的狀況很差，沒有復原機會，只會越來越差，就應該拒絕或者事後撤除。

常見的情況是吞嚥困難嗆咳導致吸入性肺炎，送醫後被插上鼻胃管。鼻胃管其實並無法預防吸入性肺炎，病人的餘生就會反覆因為肺炎而住院，甚至被做了氣切抽痰。抽痰時病人全身顫動，一把鼻涕一把眼淚，幫忙抽痰的家屬看了心疼，也是一把眼淚一把鼻涕。每日數十次，全年無休，在我看來是人生煉獄。

有非常多統計聲稱台灣插鼻胃管的人口比例世界第一。病人吃得太少、吃得太慢、偶有嗆咳、吸入性肺炎，為了節省時間和人力，解決之道就是插管。老人家吃得太少，或者不想吃，若是因為有退化性疾病，應該是要安排吞嚥訓練，給予舒適餵食。若是因為某些藥物影響食慾或吞嚥功能，應該調整用藥。有些根本就是因為生命末期吃不下了，應該順應自然，幾天或幾星期就可以安詳的離開了。

若是老人家不小心跌倒，我們知道該處理的是如何預防跌到，而不是從此就不讓老人家走路了。首次吸入性肺炎的老人，立刻就被判了永遠不能由口進食的死刑，實在非常不人道，也不符合醫療原則。最近看到認識的居家安寧團隊訓練插管多年的老人恢復由口進食，老人、家人、安寧團隊莫不充滿了歡喜。真的有心，這是做得到的。

還有一種狀況也叫人很無奈。病人住加護病房，昏迷或者使用呼吸器所以要插鼻胃管，情況復原回到普通病房時，醫護沒有將鼻胃管移除，怕病人晚上睡著拔掉鼻胃管還要雙手被綁。病人頭腦清楚，明明吞嚥沒有問題，怎麼受得了這種凌遲，拚命的反映要拔管，護理人員不敢作主，也不想去吵值班醫師。有位醫師表示，他父親住院時也發生同樣的事情，後來只好出面說：「我是醫師，我幫父親拔掉鼻胃管，一切結果我自行負責。」他是醫師還這麼難溝通，那叫一般民眾要怎麼辦？我的建議是爭取到底。

第四類是老衰重症的臨終者，千萬別送醫。

舉個極端的例子，有位一百歲的老太太失智十六年了，十四個月前因為吸入性肺炎發燒住院，醫師禁止再餵食，被裝上鼻胃管。請了外籍看護在家照顧，子女非常孝順，每天讓母親坐上輪椅數次，陪她說話。每天兩次用優格加香蕉加水煮蛋（黏稠不易嗆咳），小口小口餵，讓她嚐嚐食物的美味，動動嘴巴。一個月前老太太快速退化，神志不清，經常昏睡，無法坐直身子，本來會和兒子握手，也越來越無力。照顧的外籍看護反映很害怕：阿嬤是不是要走了。沒想到有一天阿嬤被口水嗆到、發燒，送到某家醫學中心，做了各種檢查，沒有肺炎，但是發現腎臟功能不好，尿液濁黃（這是尿路感染的重要徵候），肝臟有十公分的腫瘤。吊點滴打了兩個星期抗生素，後續還安排了大腦磁震造影、腦波、肝臟的顯影檢查。老太太已經昏迷超過兩週，叫她沒有任何反應。家屬問我，有必要做這些檢查嗎？是否應該斷食讓她好走？但是大嫂說，怎麼能讓母親餓死？

我建議不要再餵六次牛奶了，她吸收不了。看能否轉安寧，給予舒適治療。她本來就已經快要走了，現在所有進一步檢查和積極治療都是徒增痛苦而已。家屬拒絕再做檢查，帶阿嬤回家後，持續適量餵食，阿嬤於二十五天後安詳往生。

像這樣的案例，即使是八十歲、九十歲，身體出狀況時請居家醫療的醫師到府訪視最好，判定是臨終階段就轉介給居家安寧團隊。大家都不必折騰，病人也可以在家善終。送到醫院，基本上大概都是這種遭遇。

台灣洗腎數量也是全世界第一，原因之一是台灣人太愛吃藥了、糖尿病人口比例高，其次可能是太早開始洗腎。當被診斷腎臟功能衰竭時，可以多徵詢幾位醫師意見，大家都說非洗不可，再來洗。能夠晚點才洗腎，可以避免洗腎太多年，產生心血管併發症，進入洗腎也無效的僵局。

身體功能很差的重症者、無意識者、臥床者沒有洗腎的必要，只是延長痛苦而已。在先進國家，是不會施與這樣處置的。

拒絕無效醫療，是避免生不如死的第一步。後面我們將接續談，已經是這種狀態的人，是否有解救的辦法。這些失去決策能力的臥床者，即使安樂死立法通過，也不被涵蓋在內。因為安樂死（尊嚴善終法）只適用於有決策能力者，舉世皆然。

二、安寧緩和醫療條例的實施與局限

「安寧緩和醫療條例」在二〇〇〇年立法通過，旨在「尊重末期病人之醫療意願及保障其權益」，說白話就是希望末期病人可以作主，不接受無效的醫療以及急救措施，讓病人得以安詳的自然死去。本來台灣安寧之母趙可式教授提出的名稱為「自然死法案」，此乃比照一九七六年美國加州通過的「Natural Death Act」（病人得預立醫囑，要求於生命末期撤除維生醫療，允許自然死）。立法委員建議法案名稱不要有「死」這個字，所以改為「善終條例」，「終」這個字也要避諱，再改為「末期病人選擇條例」，仍舊不行，因為有「末」這個字，最後以「安寧緩和醫療條例」定案，這樣一來大家都看不懂這個條例是在做什麼了，以為只跟安寧緩和科有關係。其實這法案的精神，與所有科別的醫師、所有的國民都有密切關係，各科醫師都應該具備「允許病人自然死」的素養。

這個由許多前輩奔走多年才推動成立的法案，比之美國慢了二十五年，施行至今已經第二十三年，簽署的民眾只有八十四萬多人，才佔成人人口的百分之四點四。無奈的是，不只民眾不了解，即使是醫療人員也對這個法案的精神不甚明瞭，各自解讀，各行其是。

此條例適用於「末期病人」，末期的定義是：罹患嚴重傷病，經醫師診斷認為不可治癒，且有醫學上之證據，近期內病程進行至死亡已不可避免者。此法案最初只適用於癌症末期，所以末期定義如此可以理解，癌症相對來說比較容易判定病人的存活期還有多長。後來健保給付範圍增加了八大非癌疾病，包括一、老年期及初老期器質性精神病態；二、其他大腦變質；三、心臟衰竭；四、慢性肺部阻塞；五、肺部其他疾病；六、慢性肝病及肝硬化；七、急性腎衰竭未明示者；八、慢性衰竭及腎衰竭未明示者[2]。這些疾病要判定存活期多長，困難度更高。

以老年期及初老期器質性精神病態為例，其必要條件是：病人沒有反應或毫無理解力、認不出人、需旁人餵食，可能需用鼻胃管、大小便完全失禁、長期躺在床上，不能坐也不能站，全身關節攣縮。在我看來這種病人就是重度失智、植物人、嚴重腦傷、嚴重腦中風常見的現象，這當然是人生末期，活著只有痛苦，家屬當然有資格簽署意願書，拒絕心肺復甦術和撤除維生系統。

然而條例中的附帶條件是病情急劇轉變造成病人極大不適時，如：

1. 電解值不平衡（Electrolyte imbalance）
2. 急性疼痛（Acute pain）
3. 嚴重呼吸困難（Severe dyspnea）
4. 惡性腸阻塞（Malignant bowel obstruction）
5. 嚴重嘔吐（Severe vomiting）
6. 發燒，疑似感染（Fever, suspect infection）
7. 癲癇發作（Seizure）
8. 急性瞻妄（Acute delirium）

9. 瀕死狀態（Predying state）

看似非常嚴格，醫師若想認定病人屬於末期，可以有彈性的找到符合條件，譬如電解質不平衡、疼痛、發燒、呼吸困難、譫妄。但是醫師若過於保守，把「瀕死」這兩個字當成緊箍咒，等到病人已經瀕死，才願意把病人轉送到安寧緩和病房，病人到了那裡沒有幾天就往生了。瀕死之前，還是受了很長時間的無效醫療之苦。細究起來，條件確實嚴苛，難怪多數醫師態度保守。

安寧緩和醫療條例的規定是：末期病人可以簽署「意願書」或病人無決策能力時由家屬簽署「同意書」，有以下兩項選擇。一、拒絕心肺復甦術；二、不施予或撤除維生醫療。所謂維生醫療是指用以維持末期病人生命跡象，但無治療效果，只能延長其瀕死過程的醫療措施。維生醫療沒有詳列「人工餵食」。人工餵食算不算醫療措施，台灣醫界目前仍然莫衷一是。

有位九十四歲老人，因為功能日益退化，於七年前入住安養中心，五年前進食困難插鼻胃管臥床至今，領有極重度殘障手冊，巴氏量表〇分（無任何認知和肢體功能，正常人一百分）。年過七十的女兒不忍母親受苦，到處求援希望能讓母親早日脫離病苦，頻頻受拒，都說這不是「末期」。難道真如傳聞，在許多醫師心目中，病人彌留狀態才叫做末期。

有一位住在創世基金會十三年的植物人老太太，她因為感染新冠肺炎，送到醫學中心的隔離病房。住院中因為血氧降低，在原有的氣切管接上呼吸器。隔離結束，家屬來探視看到媽媽身旁有龐大的機器，身上多了許多管子，非常詫異。詢問醫師，他們已經簽署了拒絕急救意願書，為什麼母親還是裝上了呼吸器？他們要求拔掉呼吸器，讓受苦多年的母親解脫，戴著呼吸器母親也無法回到創世基金會。呼吸病房的負責醫師回答：「當初裝了，現在就不能拔。」我受家屬之託去探視病人，建議會診安寧緩和科。這位醫師對安寧緩和科醫師說：「這個病人的狀況我最了解，除了裝呼吸器，其他狀況都很穩定，不符合末期。」病人只好在住院日到期後，被轉往慢性呼吸病房，每個月的照護費用，從本來的一萬多元，增加到三萬多元。母親只能繼續承受醫療單位所給予的酷刑。

在病人家屬的心目中，拒絕急救就是不要積極救治，讓病人自然死亡。在許多醫師心目中拒絕急救只是不做心肺復甦術、不要壓胸、不要電擊，其他所有治療都要用上。這個落差實在很大。不禁感嘆立法本身就難，讓所有相關人士了解法案的精神及施行準則，更是難如登天。醫學教育顯然需要加強這些法規的認識與生命倫理的素養，不只是學校裡，在醫療職場上更需要這樣的繼續教育。

一位焦慮、不時哭泣的女兒跟我講了這樣的一個困境，問我該怎麼辦？

她母親八十歲，三年前腦中風還可以自行行走，今年記憶力退化常常跌倒。母親與大哥、大嫂同住，有天她回家探視發現母親呼吸有咻咻聲，說是前天走路時跌倒。送醫後，發現三根肋骨骨折，進加護病房觀察。數日後，情況穩定，轉到普通病房。

母親高高興興的和孫女視訊，孫女承諾要回來看阿嬤。沒想到幾分鐘以後，接到醫院電話說母親大咳血，呼吸心跳停止，問要不要急救，哥哥接到電話，反射回答要急救。等他們再回到醫院，母親已經完全變成了另一個人，插著「經口氣管內導管」接著呼吸器、鼻胃管、尿管，四肢癱瘓，不省人事。她完全沒有想到急救以後，母親會插管用呼吸器。母親以前就交代過，絕對不要插管。

急救過程心跳停止了二十分鐘，醫師說腦部缺氧過久，大腦功能不可能復原。每次去探望母親都感到很難受，尤其是看她抽痰時眼角的淚。醫師說母親需要洗腎，她拒絕了。醫師要求做氣切，她也拒絕了，醫師說那氣管內導管萬一硬化，再重新插。她要求醫師幫母親拔管，醫師會診了安寧緩和科，醫師回覆病人沒有兩個以上的器官衰竭，不符合安寧的規定。（註：有其他醫師反應，沒有這個規定呀！何況她根本大腦、肺、腎臟功能都衰竭了。）

住院一個月以後，轉到慢性呼吸病房，健保支付部分費用，但是共用看護（兩位照顧五位病人）加上尿布、看護墊等每個月要三萬元，哥哥、弟弟都說沒錢，費用都由她付，長久的話她也沒有能力。她覺得不應該讓媽媽這樣一直插管臥床下去，她不知道到底要怎麼樣才能讓母親早日解脫？

醫師可以接受拒絕洗腎、拒絕氣切，但是不願意撤除呼吸器。我沒有在重症病房服務過，實在不明瞭他們的困境和心結是什麼？有人說是因為怕被告？我難以理解。同樣出身重症病房的黃勝堅和陳秀丹醫師著書、演講十幾年在談拒絕無效醫療，呼籲病人的情況無法復原時，幫病人撤管。我在短短幾個月裡面，接觸到數十位家屬希望停止無效醫療，醫師卻不願撤管的案例。彷彿在平行世界一般。

不知道這位老母親還要躺多久，不知道這個女兒何時會被榨乾？越是孝順的孩子，越是受苦。

醫師緊急來電，倉促問出：「要不要救？」絕大多數的人會反射的回答：「要。」對接到這通電話的人來說，這段經驗永生難忘，而且極可能成為一輩子的創傷。回答：「要。」若家人一輩子臥床，可能因此愧疚一輩子。回答：「不要。」家人往生，仍可能帶著愧疚多年，懷疑自己的決定讓家人減短了壽命。

另一位病人的情況類似，肺炎被裝上呼吸器，家屬簽了拒絕心肺復甦術同意書，要求醫師撤掉呼吸器，醫師不肯。家屬要求停止使用抗生素，醫師答應了，病人兩個星期以後敗血症死亡了。我無法理解，撤除呼吸器短時間就可以解脫，醫師不准。停止使用抗生素，病人的肺炎越來越嚴重，痰越來越多，拖了好多天才走。醫師的考量是什麼？停止積極治療無罪，幫忙拔管有可能被告嗎？是過去曾經發生類似的案例，造成這麼多醫師有這個陰影嗎？

《死亡的臉》（*How We Die*）[3]書中引用了美國醫學教育學家威廉．奧斯勒（William Osler）對於老人與肺炎的看法。他說：「肺炎是老人特別的敵人。」老人體弱、吞嚥不靈光、抵抗力下降，很容易因為肺炎而死亡。但是奧斯勒又說：「肺炎可稱為是老人的朋友。經由急性、短暫、通常並不痛苦的病程將老人帶走，使老人脫離將使他生命最後階段更加痛苦的衰敗過程。」對於插管臥床而反覆肺炎的老人來說，更是如此。面對一次又一次越來越頻繁的肺炎，拒絕使用抗生素治療也是讓老人提早解脫的選項之一，一旦血氧降低，昏沉之中，就可以安詳往生。相對於拔管，拒絕使用抗生素，醫師的接受度比較高。

有位朋友的父親也是肺炎住院插管，家屬看到病人無復原可能，要求醫師拔管，醫師不願意。他們辦理自動出院，回家後三兄弟約好一個拔插頭、一個關掉機器、一個拔氣切管，同步進行，三個人共同承擔責任，他開玩笑說這樣沒有人知道帳要算在誰的頭上。高齡九十歲的父親兩個小時後斷氣，表情是安詳的，我相信他的靈魂是感謝這三個兒子的。這位父親有這樣的福報是因為三個兒子同心，而且有家可以回。假如家人不願意家中有人死亡，或者手足意見不合，常常老人家就只好在慢性呼吸病房繼續躺幾年了。

其實家中有人老衰重病死亡，並不算凶宅。民眾可以安心。

相信仍有不少醫師願意幫忙撤管，來找我的家屬都是遇到阻礙的，讓我深刻感受到安寧緩和條例不一定能夠達到讓無意識、插管臥床者不受醫療干預而自然死亡的目的，主要是減少了瀕死前的心肺復甦術，還是有很多病人無法在末期得到安寧緩和醫療，也沒有辦法得到善終。這個得來不易的允許自然死法案，因為法規過度的嚴苛，台灣醫療糾紛的氾濫，部分醫師的過於保守，簽署人口的不足，大大的限縮了其功能。修法難，當務之急是應加強醫師對此法規施行上的共識。

以下兩方面非常需要取得共識，一是對末期的定義要更有彈性，不要局限在存活期間上的末期，應包括身心功能上的末期，只要病人的生命品質很差，例如意識不清、無溝通能力、生活無法自理、無行動能力者也應該涵蓋在內，不需限制疾病種類。其二是對於維生醫療的項目應該清楚列入人工餵食管。在執行上，最大的困境是如何保障病人和家屬的意願得到醫療單位的尊重，其背後的因素是如何確保執行醫師可以免於訴訟的威脅。

三、無意識者拔管善終流程

我深信意識不清的長期插管臥床者，一定很想趕快離苦得樂，是我們還沒有能力讀懂他們的心意。我們不知道病人的心願，卻替他們作決定繼續管灌、用呼吸器無限期躺在床上，其實非常矛盾。

《斷食善終》一書出版後，許多家屬發現自己的長輩病情比我母親嚴重多了，長輩以前也交代過未來不要插管臥床，原來有辦法完成長輩的心願，只是從沒有想到這個方法，或者以為這個方法可能觸法。於是陸陸續續有家屬聯繫上我，詢問斷食往生的可行性以及執行細節。

目前若有家屬求教於我，希望讓長期插管臥床的病人斷食脫離苦海。我的作法如下：

一、確認所有家屬（伴侶、子女）有此共識。若第一時間，有人猶豫、反對，沒有關係，給他時間沉澱。請他閱讀拙作《斷食善終》一書，或者在網路上聽我的演講、訪問，後續再討論。改變觀念，需要時間，形成共識再來執行，免得影響家人感情或留下遺憾。首要打破的迷思是「病人是餓死的」這個框架。其實老衰重症者逐漸減少飲食的過程沒有痛苦，可以安詳往生（絕對比醫療死平和）。許多原本還能進食的老衰重症者在生命末期也是自主停止吃喝，數日以後如睡著了般往生的。病人是因為疾病而死亡的，不是餓死的。是人工餵食阻擋了其自然死亡的過程，我們只是還給他自然死亡的權利。插管臥床者常有各種方式表達其痛苦，甚至每日哀號，那是他們的靈魂在求救。斷食往生是在拯救他們，是因為愛他們、不忍心他們受苦，這才是真孝順。

二、雖然病人失智、意識不清、無法用語言溝通，但他們的靈魂仍在，而且聽覺是最後消失的感覺，家人要把事情完完整整的說清楚。建議告訴病人至少三件事情。

1. 我們不忍心看您這樣痛苦，也了解您一定想要趕快回到天家。天上是一個好地方，那裡的人都自由自在、無病無痛。很抱歉讓您受苦這麼久，我們最近才知道一個方法，可以讓您早點解脫。我們會慢慢減少給您的牛奶和水分，然後您就會輕輕鬆鬆的去到一個有著光的地方，在那裡和逝去的家人重逢。

2. 我們很感激您這一輩子對這個家的付出，對這個社會的貢獻。您這一生活得很有價值。我們謝謝您，我們愛您。

3. 您的子孫們都安好，大家會繼續努力，也會互相照顧，請不要掛念，放心的跟著佛祖去（或者回到主的懷抱）。

這些話語的目的是讓即將往生的人對於死亡沒有恐懼，而且接納。對自己的一生感到有價值，感受到子女的愛，對家人沒有牽掛，才能好走。

家屬在與病人溝通這些細節的過程，可以感受到自己有盡到告知的義務，也有得到對方的默許，未來比較不會覺得遺憾或有罪惡感。所有秉告長輩的話語，也幫忙安定自己的內在，肯定自己放手的抉擇是為了愛。

有一位重度失智的病人在斷食過程中，照顧他八年多的印尼看護在回印尼前去機構向他辭行，病人聽了太太的敘述以後，整個臉皺起來，大哭了好幾分鐘，流了好多淚，一旁的家人也跟著紅了眼眶。只是因為他無法以語言或姿勢表達，我們以為他什麼都不知道，但其實他的靈魂還是知道的。後來我看到照顧他的照護員，每次要做什麼事情時，都會先跟他說明，也常常和他聊天。這才是真正人性化的照顧。我們不應把長期臥床的病人，視為沒有靈魂的軀體。

三、建議減少飲食的程序是三、三、二、二、一、一、〇（單位是用餐數），這是用常識推測出來的方法，實際進行的結果很平順。水分也等比例減少。停止餵食以後，只餵少許水分兩天，然後拔管，免去管子造成的不適。若是有胃造口，拔管以後數日，傷口就會癒合。拔管以後一至二週，病人會安詳往生。至於藥物如何遞減，請徵詢醫師的意見。若有重要的藥物不能停用，餵食管可以繼續留置，等到往生才移除。只要取下固定鼻胃管的膠布，就可以移除管子了。若家有長輩不忍心減食太快，每三天減少一餐也可以，時間會延長幾天，早期我們是這樣做的。

在美國是直接拔管，同時停止供應食物和水分，病人會於十至十四天後死亡。我們的個案多數在兩至三週以內往生，很少超過一個月。中村仁一醫師在《大往生》[4]一書中建議的方法是一個月內漸進式斷食往生，有鑑於國人家屬對於直接停止所有飲食與水分常感不忍，因此比照日本的方法採用漸進式的斷食。考量到對病人和陪伴的家屬而言，一個月太長（不容易請這麼長的假），目前的作法，傾向於快速減食。最近一位八十九歲的老先生，臥床三年，直接從三餐減為兩餐、一餐，第九天就往生了，過程平順，只有輕微發燒和呼吸急促，家人參考我提供的文字和口頭解說，處理得很好。

四、最好在家裡進行，對病人來講身心最舒適，家人、親友也可以好好陪伴最後一哩路。目前我詢問多家醫院的安寧病房，都表示收容斷食往生的病人不符合規定。一般的養護中心也不願意。若擔心斷食過程有醫療問題需要幫忙，最理想的方式是請居家安寧團隊到府訪視，可以上網搜尋「安寧資源地圖」，有全國附設安寧病房的醫院和居家安寧護理所的地址、電話等資料。目前全國有三十幾家的居家安寧護理所（團隊包括醫師、社工、心理師）成立了「在宅善終友善團隊」，分布在台灣各縣市，可以支援提供服務。我介紹了許多個案給她們，都得到很專業與親切的服務。這項服務有健保給付，家屬只需依官方公定價格支付交通費。家屬聽到有這項服務都說：「怎麼這麼好？」事後也都很感恩。

五、若實在無法在家中進行，可以轉介到護理之家或者醫院的安寧緩和病房。目前我知道的單位不多，時常要跨縣市進行。但願未來，有越來越多的單位接受斷食往生，成為常態，則是民眾的福氣。

安寧緩和科收案協助「安寧善終」的原則和條件如下：

1. 病人屬於疾病末期狀況，正受著無法回復的疾病帶來無法忍受之苦。
2. 病人在意識不清以前曾經表達過：未來意識不清、長期臥床無法回復時，不施行心肺復甦術與維生醫療外，也不想使用鼻胃管維持生命。只是來不及簽署ＡＤ（預立醫囑）。
3. 安寧團隊召開家庭會議，透過家屬輪流表達，對病人做生命回顧，了解病人的價值觀與醫療偏好，理解這是病人不想要的生命狀態，而家屬也一致了解並同意。家庭會議同時也是哀傷輔導的過程。

4. 停止人工營養與流體餵養及其他維生醫療前後，仍持續不斷的溝通，同時提供高品質的安寧療護，減輕病人與家屬的身心社會靈性痛苦。

六、有關病人的意願方面。請回顧病人過往對生死的看法，有沒有說過但求好死、不願歹活，是否有過隻字片語提到，看到其他人病苦臥床，是他／她不願意的。有病人提及想去瑞士安樂死，或者意圖自殺，這都是強烈的意願表達。有位病人曾經留下「我不急救」的字條，醫師也當作佐證。美國在打撤除鼻胃管官司的時候，法官也曾經引用病人過往的言論作為當事人意願的依據。我覺得這點可以從寬認定，除非有人刻意交代無論情況多差都要盡力救治，我相信沒有任何人會特別聲明未來就算長期插管臥床也要盡量活著。有時家屬不願意放手，陳秀丹醫師就曾經反問家屬：「那你要不要自己插管臥床試試看，看你能忍受多久。」吳育政醫師曾經在影片中說道：「不要說七年、七個月、七天，七個小時我也不要。」

四、管灌病人的餵食量問題

在協助插著鼻胃管臥床病人斷食往生的過程，我發現病人的餵食量有些特殊的現象，剛從醫院回來的每日六罐配方奶居多、在安養中心的五罐，在自己家中的四或五罐。這些餵四罐的都是從六罐減到五罐，再減到四罐。

大部分醫院營養師的建議都是六罐，從早上六點到晚上九點每三小時餵一罐。每次餵食以前要回抽，如果胃裡面還有上次餵食的配方奶，就延後半小時或一小時。每三小時吃一餐，病人還真的是有苦難言。偏偏華人社會，認為食物代表愛，總希望病人多吃一點。還有人去養護中心探視時，抱怨家人好像更瘦了，逼著營養師讓病人吃更多。殊不知，吃太多，食物也是毒。整天躺著的人，肌肉越來越萎縮，看起來自然是更瘦啊！

每天餵六次是怎麼來的呢？我查到的資料是，臥床者每日所需要的熱量為每公斤體重需要二十到二十五大卡。也就是說六十公斤的人，每天要攝取一千二百到一千五百卡。最常用的配方奶每罐熱量在二百四十卡左右，六罐是將近一千五百卡。

我跟某家安養中心反映無意識長期臥床的病人每天餵五罐其實太多了，她們說長照病人每年要體檢，若是白蛋白、電解質、體重等指標異常，必須寫報告交代，所以一定要餵五罐。不知他們是否比較過餵四罐營養不良是否更嚴重？有多少病人因為灌五罐而過度肥胖。總之，積習難以撼動。政府的法規也是有趣，一個人躺越久，肌肉萎縮、骨質密度下降越嚴重，體重下降不是正常現象嗎？

那在家照顧的怎麼會只餵四次，這是家屬自己琢磨出來的。譬如病人吃得紅光滿面、胖嘟嘟的，連翻身都困難，合理的推測就是吃太多了。餵食前回抽，發現胃裡面還有牛奶，也知道應該拉長餵食的時間。我公公當初每餐餵一整罐，很容易吐奶，我就建議婆婆，不要買罐裝的液態奶（環保的我受不了那麼多垃圾），改買大罐奶粉用泡的，這樣就可以控制每餐的量。我公公就曾經從每餐八湯匙減到六湯匙，要進行斷食往生的話，可以減到四湯匙、兩湯匙，也是一種調整食量的方式。

在協助病人斷食的過程中，許多家屬回報病人從四、五罐減到二、三罐的時候，許多問題改善了。可能痰減少、水腫消失、不再吐奶、不再躁動不安、睡眠改善了等等。也有家屬反映，以前每次灌食時母親總是大叫，但灌食量減少後，就不再叫了。我明顯感受到台灣臥床病人吃得太多。有家屬發現病人常吐奶，又聽我說五罐太多，要求安養中心少餵一點，卻被工作人員拒絕。固守成規當然是最方便的，向上級反映改變作法，要有很大的勇氣。

也有家屬表示：把長輩送到安養中心喘息服務，每天被餵六罐，前後才十天，回家時全身都水腫。

我年輕的時候，醫院裡面有急症或者手術後的病人需要暫時靠鼻胃管進食，管灌的配方奶是營養師視病人狀況調配的。這些病人在疾病的恢復期，需要較多營養來幫助復原。曾幾何時，長期臥床的病人日益增加，是不是急性病人管灌的熱量攝取公式被沿用在他們身上？是不是醫界沒有為慢性長期臥床者設計更適合他們的公式來計算熱量攝取量？日本的長期臥床病人也是每公斤體重二十五大卡左右。

有篇日本的研究發現，長期臥床的老人（六十五歲以上），每天攝取每公斤體重二十五大卡者和由口進食者兩組比較，其實都會有明顯的營養不良數據[5]。顯然讓臥床者攝取高熱量，並不能扭轉營養不良的局面，就好比期待年長者要有和年輕人一樣的骨質密度，都是緣木求魚。

首先來探討理想體重的計算，依據什麼我們認為臥床病人的理想體重，要跟每日活蹦亂跳的我們一樣。理想體重等於身高（公分）減一一〇，例如一百七十公分者理想體重六十公斤。也有人用二十二乘以身高（公尺）的平方，如此則身高一百七十公分者的理想體重為六十三點五公斤（22x1.7x1.7=63.58）。臥床者沒有運動，肌肉萎縮是必然的，不是吃得多，就能長肌肉。臥床會造成骨質疏鬆，骨頭變輕，他們的理想體重，一定是比健康人輕。

再者是每公斤體重需要的熱量為何是二十到二十五大卡，而健康的人依照工作的輕、中、重，每公斤體重需要的熱量是三十到四十大卡，兩者差距這麼少？臥床病人可能越躺越瘦，活動量也越來越少，但是營養師只根據身高來計算理想體重，進而算出熱量攝取量，並沒有隨著身體狀況的改變而調整攝取量。

事實上，我發現不管是男性、女性，老的、年輕的，剛開始臥床的，或臥床許多年的，進了醫院幾乎都是餵六罐。若家屬太老實，不知道依情況變通，就真的一直餵六罐。有趣的是，病人回家後家屬酌情改餵四罐，但只要因病住院，常常又被要求餵六罐。即使是臨終的末期病人，住院也是餵六罐，令人費解。

所謂的臥床病人之飲食熱量指引，本來應是用在住院接受治療的臥床病人。這些人雖然因病臥床，但他們頭腦清楚，會與家人聊天，在床上會自由翻身，坐在床上吃飯，甚至下床上廁所、洗澡。他們還是有心智與肢體的活動。但是無意識完全癱瘓的長期臥床病人，沒有任何心智和肢體活動，此臥床非彼臥床，進食的熱量公式顯然應該有所不同。

過度餵食除了體重過重，增加心肺的負擔外，也會降低抵抗力，還容易吐奶或胃食道逆流，增加肺炎的機率。許多病人插了鼻胃管以後，經常因為反覆肺炎住院，我推測餵食過量可能是原因之一。

怕病人營養不良是餵食過量最常見的原因，是否我們對於長期臥床者的營養不良標準有調整的必要。反之，有非常多家屬表示長輩本來中等身材，到了安養中心後越來越胖，在擔心營養不良的同時，過度肥胖是否也應該在評估之列。

看來這個議題有很大的研究以及討論空間。我目前無法得知怎麼做是最正確的，但我確定目前的公式是不恰當的。我相信他們只需要吃三到四餐，夜晚一樣空腹十二小時，餐間可以餵點果汁（或水果）和水。建議多觀察病人的反應，調整出適當的餵食間隔時間和餵食量，病人的身體知道，只是他們無法告訴我們，只有靠我們細心的觀察了。有一個方法很簡單，只要嘗試減少餵食量，若病人情況明顯改善，就知道原來餵太多了。

五、病人自主權利法的精神與矛盾

有鑑於安寧緩和醫療條例的不夠周全，在眾多前輩先進的奔走下，台灣於二〇一九年開始實施「病人自主權利法」。

首先是擴大了適用的對象。除了「末期病人」以外，增列了「不可逆轉昏迷」、「永久植物人狀態」、「極重度失智」共四類病人（但不知為何安寧緩和的八大非癌疾病不在此列）。民眾可以簽署「預立醫療決定書」，選擇遭遇上述各種狀況時拒絕或接受1.心肺復甦術；2.維生醫療；3.人工營養及流體餵養。並將其選擇註記在健保卡上。

之後在國人爭取下又追加了十二種罕見疾病：脊髓小腦退化性動作協調障礙、亨丁頓氏舞蹈症、脊髓性肌肉萎縮症、肌萎縮性側索硬化症（漸凍症）、裘馨氏肌肉失養症、肢帶型肌失養症、先天性多發性關節攣縮症、Nemaline線狀肌肉病變、多發性系統萎縮症、囊狀纖維化症、原發性肺動脈高壓及遺傳性表皮分解性水泡症。前九項是屬於神經肌肉骨骼系統的退化性疾病，發病後病人逐漸失去行動、語言、吞嚥能力甚至是呼吸功能，死亡前可能插管臥床數年，生活品質低落且沒有尊嚴。

對於明列疾病名稱這一點，我覺得有非常大的缺失。因為疾病有千百種，不論如何增列，都有漏網之魚，應該以失能的程度和種類來界定就可以了。譬如帕金森氏症在老年族群中非常普遍，不屬於罕見疾病，也不屬於前列昏迷、植物人、失智狀態。然而帕金森氏症是一種神經退化疾病，最後也是會失去行動能力和吞嚥功能。

病人自主法與安寧緩和條例最大的不同，除了適用對象疾病種類擴大範圍以外，最主要是適用時程上提前數個月甚至數年。自主權之行使不受限於疾病「末期」（一般解釋為半年）。病主法規範下，上述各種神經肌肉骨骼退化性疾病等病人，在需要人工技術以維持生命的時候，就可以選擇拒絕。

譬如漸凍症末期會出現口齒不清、吞嚥困難的症狀，初期可以利用「細心手工餵食」[6]持續進食，到了更晚期，經口餵食很容易嗆咳或吸入性肺炎時，通常醫師會建議插鼻胃管或者做胃造口。而病人此時通常已經臥床、生活無法自理，可以依照其「預立醫療決定書」的意願，拒絕人工餵食，那麼接下來的歷程就是無法進食、無法攝取水分，也就是一種斷食往生的過程。病人拒絕人工管灌，就要有面對死亡的準備。胃造口灌食比鼻胃管舒適一些，也可以選擇胃造口再活一段時間，但要留意口水仍可能引起嗆咳或者造成吸入性肺炎。隨著病情惡化，接下來要面對的是呼吸肌肉逐漸癱瘓、呼吸困難的問題，此時需要抉擇是否要用呼吸器。

不論是拒絕人工餵食還是人工呼吸器，病人的臨終過程對於往生者和家屬來說，必然是一大考驗，畢竟是生死大事，而且大家都沒有經驗。所以病主法第十六條規定：醫療機構或醫師終止、撤除或不施行維持生命治療或人工營養及流體餵養時，應提供病人緩和醫療及其他適當處置。醫療機構依其人員、設備及專長能力無法提供時，應建議病人轉診，並提供協助。

所以衛生、立法單位是將放棄維生或撤除維生治療病人之臨終照護委請安寧緩和科來協助的。但是長期以來安寧緩和科主要的治療對象是癌症末期的緩和治療，因為病情相對比較複雜。目前只有極少數的安寧緩和科願意收容撤管以求善終的病人。病人自主法的主旨是在保障國人在疾病末期失能嚴重時，可以有拒絕無效醫療的生命自主權，但是不論是各專科或者安寧緩和科能感受到這是醫師職責的並不多。大家還是比較專注在治癒病人，搶救病人的生命，比較少醫師覺得讓嚴重失能的病人得到善終也是醫療行善的一部分。

所以立法上目標明確，但是施行上阻礙重重。

再者，病主法只適用於「十八歲以上」的「有行為能力者」，若發生急症或者重傷而失去行為能力的，家屬無法代簽同意書，只能拖到末期選擇沿用安寧緩和條例。我相當意外病主法沒有依循安寧緩和條例，建立失去意識者由家屬代簽同意書的機制。這造成兩大缺失，1.目前已經無意識的數十萬臥床者，無法藉此法案解套得到善終。2.尚未簽署意願書的廣大民眾，若臨時發生重大傷病靠維生治療延命者，急性期家屬可能抱著希望不放棄，一旦拖到晚期成為狀況穩定的臥床者就無法撤除維生系統，除非其病況惡化到近期內死亡已不可避免的末期。

而且，病主法實施至今四年多，簽署「預立醫療決定書」的人數才四萬多人，這些人多半身體健康。費盡千辛萬苦才成立的病主法，在減少無效醫療、促進國人善終方面顯然沒有發生多大的效用。

假如病人自主權利法增加「失去意識者可由家屬根據其生死觀代簽同意書」以及取消年齡限制，那麼其保障的範圍就更完整了。如此則其範圍遠超過安寧緩和條例，該條例就可以廢除了。現在兩種法案並存，造成混淆。其實我們只需要一套保障範圍完善的「自然死法案」。

目前安寧緩和條例的簽署相對簡單，在醫院服務台拿到表格填好資料寄送到衛福部安寧緩和醫療意願資料處理小組（台北市中正區紹興北街五號八樓），就可以註記在健保卡。簽署預立醫療意願書，則需要預約特別門診，諮商約一小時，兩位見證人，以及三千元左右的費用，造成民眾簽署意願低落。如何推廣觀念，並讓簽署方式更加便利，是當務之急。

我曾經聽到長期參與兩個法案立法過程的陳榮基教授說：「這個病人自主權利法的名稱要改掉，不能只限於有行為能力者才能簽署，要家屬也能代簽才能發揮作用。」願相關單位可以審慎考量。

最弔詭的事情是：如果有行為能力者決定自主斷食，病情的嚴重度是以病人自己的感受來決定的，除非要進入醫療系統，否則是不會考慮病人自主法的規範範圍的。譬如病主法規範失智症者需達到極重度（巴氏量表幾乎零分）經兩位醫師鑑定才准予實施撤管。中村仁一醫師是說要在還有決策能力、有足夠意志力的時候，進行斷食往生。美國的《自主斷食》（*Voluntarily Stopping Eating and Drinking*）[7]書中援引的例子，也是選擇在有行為能力的時候進行停止飲食，免得步入末期時，失去執行力。由此可見病主法所規定的範圍仍然太嚴苛，自主斷食往生的病人只能在家自立自強了。

我們誰有資格去評斷別人需要具備什麼條件才能選擇死亡呢？

我的學術專長是脊髓損傷復健，當第一位頸椎脊髓損傷四肢無力的病人來詢問我斷食往生的可行性時，我當場愣住。我一向以飾演《超人》（*Superman*）的美國影星克里斯多夫・李維（Christopher Reeve）（第一頸椎脊髓損傷，僅剩頭部以上會動）的例子來鼓勵頸椎脊髓損傷四肢癱瘓的病人，怎麼能幫助他們斷食往生？這完全違背了我以往的價值觀。但經過深思以後，我才悟出自己沒有資格作裁判的結論，我必須尊重病人的自主決定。

事實上，假如病人有自主意識，他們是有權利拒絕任何醫療處置的，也包括拒絕飲食。簽署「預立醫療決定書」是當簽署人無法自主表達時，醫師及家屬應該尊重當事人意識清楚時所簽署的抉擇。如果家屬沒有完全了解或接受當事人的意願，要求延命治療，而醫師若害怕家屬提告，會實施延命治療，此時病人仍然無法善終。這是現實中存在的普遍現象。所以，簽署「預立醫療決定書」以外，平時需與家人多討論善終議題，務必讓家屬都有共識，才能避免意願不受尊重而陷入以無效醫療延長死亡的僵局。

以下是一個簽過「預立醫療決定書」的病人，發生意外時的經歷：

畢醫師你好：

今年五月底我媽因擦窗不慎從三樓的窗外跌出，當時家中沒人，她躺在大雨下一個多小時才被鄰居送醫，住進加護病房，我們抵達時她已經插管，醫生告知腦部瀰漫著血找不到出血點只能先引流裝腦部觀測器，頸椎第一、二節有斷裂，昏迷指數只有三分。當時我滿腦子出現兩年前和弟弟陪媽媽簽署「預立醫療決定書」的情景。醫生說：「如果不救，當初就不要送醫院，來醫院只能按照正常程序。」那時正是疫情高峰，我們都不能去醫院探視，在家中心急如焚，只能偶爾請護士視訊等醫生回應病情。

我和家人都清楚媽媽之前有交代過發生嚴重意外不要救她，和醫生已經討論到媽媽可能腦死可以做器官捐贈進入安寧緩和。就在醫院告知來醫院討論器捐事宜的當天母親眼睛睜開了。醫生馬上要我們決定是否頸椎要開刀，醫生說如果不開後續照顧會更麻煩，我們只能走一步算一步了，開完刀媽媽又被轉到呼吸加護病房，我們知道她身前意願，所以決定不氣切。呼吸訓練三個禮拜，決定拔管時我們姊弟妹去醫院簽了拒絕急救同意書。醫生宣布她重度癱瘓未來只能臥床，我每天以淚洗面。

三個月後開始進入復健，她從原本不認得我們到認得我們了，可是記憶也消失一大半了，說話也不清楚，生活沒有尊嚴外每天的復健疼痛和張力伴隨整天磨牙真是折磨，她意識比較清楚時和我表明她很痛苦要我幫幫她，她覺得她在床上像活死人一樣……漸漸不想和我們有什麼互動，對於活著消極面對。我媽今年六十八歲身體一直很健康。我不知道我媽合適斷食善終的方式嗎？她現在是有裝鼻胃管和尿管，斷食善終對她會不會有飢餓無法忍受的痛苦？非常感恩你，你為沒有安樂死的台灣創造一線曙光。

可見即使簽過「預立醫療決定書」，並無法保證可以得到善終。中村仁一醫師是肺癌，可以不送醫院。台大謝博生教授是嚴重腦中風，妻兒是醫師，選擇不送醫，在宅善終。高處跌落的意外傷害，鄰居看到一定會送醫。送到急診處，檢查一定要做，才知道病情。急性期還不知道預後如何，也不可能不救。寫信給我的這位女兒在電話中哭著說：「我真是不孝，讓媽媽受這麼多罪。」我說：「你好孝順，才會處心積慮想辦法幫媽媽，才會找到我呀！人生無常，我們躲避不了，但是亡羊補牢，還是可以幫上媽媽的。媽媽意識清楚，由她來作決定，她理解也接納，才能進行。」

兩個月以後，這位媽媽在居家安寧團隊的照顧下，自主停止飲食，安詳往生。

六、自主斷食往生過程

若是病人意識正常，在經歷一段時間的病苦後，由於疾病無法治癒，病情只會逐漸惡化，生命僅餘痛苦而沒有歡樂甚至沒有尊嚴，會出現不如歸去的感受，得知斷食往生可以早日解脫病苦，因而做出自願停止吃喝的決定。

病人或家屬和我聯絡時，通常已經經過長久的思考與討論而形成共識，病人對於死亡通常沒有恐懼且已經接納。我還是會強調死後的世界是美好的，靈魂永生，往生者與親人的連結永遠都在，讓雙方不要覺得死亡隔絕了一切。我們主要的溝通內容是斷食過程如何執行，以及可能遭遇什麼問題。

有一天我接到一個陌生訊息：「畢醫師，拜讀你的大作《斷食善終》，實施起來最大的困難是兄弟姊妹沒有共識以及個人的醫學知識不足，媽媽脫水很嚴重。」這有如電報一般的簡短描述，卻讓我心驚。這位讀者不曾事先詢問我如何進行，自己照著書做，看來遇到瓶頸，有很大的壓力。我立刻打電話過去了解情況。

電話中聽聞漸進式減食已經進行快兩個月了，由她和妹妹兩人照顧媽媽。她焦慮的自我懷疑：「我到底是孝順，還是殘忍？」

我說：「既然你事先和母親討論過，這是順從媽媽的意願，當然是孝順，不是殘忍喔！」

事情是這樣的，王媽媽今年八十三歲，十年前開始出現帕金森氏症的症狀（小碎步、動作慢、口齒不清、手腳僵硬），雖然持續吃藥，症狀還是逐漸惡化。三年多前失去行動能力，只能臥床或者被抱到輪椅上坐。兒女都要工作，近幾個月住在安養中心，工作人員反映王媽媽每日都大聲的哭泣。王媽媽向女兒表達希望可以早一點走，不要像個廢人似的，動也動不了，凡事都要靠別人，連螞蟻爬在身上都沒辦法處理。她拒絕急救，也絕對不要插鼻胃管。

大女兒細心研讀我的書，向媽媽傳達有斷食往生的方式，問媽媽要一起努力試試看嗎？如果願意，不要待安養中心，回家裡，她留職停薪親自照顧。她是頌缽身心靈療癒的老師，每天數次幫媽媽頌缽，希望母親身心放鬆，沒有罣礙。

妹妹與母親同住，曾經照顧媽媽五年，跟媽媽特別親。在斷食期間，若母親手指著嘴巴或者肚子，她就會不忍心而餵給母親食物。姊姊比較堅定，總是用跟媽媽道歉或者是頌缽的方式轉移母親的注意力，盡量不餵食。媽媽很精明，只向妹妹要食物，妹妹內心掙扎，有時故意出門躲著這個僵局。姊妹不同調，有如廚房裡有兩位女主人。兩個人內心煎熬之下，雖然目標一致，難免偶爾互相埋怨，如此造成更大的焦慮與壓力。

有位兄長說：「這樣是餓死媽媽，太殘忍了！」這也是姊妹頭上的緊箍咒，不時啃噬著她們的心。我向她們解釋，「天邊孝子」因為沒有親密的照顧過母親，因此比較無法體會媽媽的痛苦，無法理解何以做這個抉擇。加上沒有親自照顧，內心難免有愧疚，媽媽要走了也一定有不捨。心裡有這麼多糾結，所以會講出這樣讓人難過的話。我勸她們原諒兄長是因為心裡難受，所以這樣講話。千萬不要因為兄長的話而自責。很多照顧者都有這種經驗，遠方的孝子或孝女回來，經常提出一些不切實際的意見，甚至是指責，造成照顧者很受傷。這是普遍的人性，所以美國有「加州女兒」這種稱呼來描述這種現象。

我詢問她們：「媽媽今天吃了多少？」

姊姊答：「半碗太極米漿粥。」

心想已經快兩個月了還吃半碗，我母親一個星期就停止進食，喝三天水，然後連水也不喝了。王媽媽減食的速度太慢了，我不好直說。

只輕描淡寫的說，必須完全不進食七到十天，才會離開喔！

妹妹當天晚上又跟母親溝通一次，詢問母親是自主想要斷食快回天上，還是因為家中無人照顧才這樣決定。母親點頭確認想回天家，妹妹當場落淚，母親伸出手來，不捨的為女兒拭淚。之後，母親沒有再要求食物，妹妹要餵她，她也不吞。妹妹感覺到母親真正接受了死亡這件事，完全沒有進食的欲望了。

我探視後第六天的上午（減食後兩個月又五天），在許多親屬來訪的早晨，王媽媽安詳的往生了，就像平常睡著了一樣。

另一位也是帕金森氏症的八十歲老太太，插管臥床一年多，不想拖累孝順的女兒和女婿，說想去天上作天使。女兒數度落淚說她很不捨，但是看到一生很注重形象的母親，如今落難至此，也只好幫忙完成母親的心願。

因為家人要上班，白天請了一位居服員，這位居服員有照顧臨終病人的經驗，讓家屬很安心。有幾天老太太吵著要吃東西，居服員在白天給了病人平常在吃的鎮定劑，病人昏睡中忘了飢餓，幾天後沒有再吵著要食物，就停了白天的鎮定劑。這位老太太在減食十二天以後停止進食，喝少量的水，又隔十二天往生。整個斷食過程與沒有意識的插管臥床者相比，稍長幾天。

當時我還沒有和居家護理所聯絡上，而且我人在國外，就靠著我和家屬以網路來往訊息和通話，平順的完成了整個斷食往生過程。過程中只有因為病人抱怨肚子痛，家屬懷疑尿道炎，吃了兩天抗生素，沒有其他的醫療需求。不過對家屬來說，這是一趟艱辛的過程，情感上捨不得，心理壓力也很大。

有位七十八歲頸椎脊髓病變三十年的女性，其自主善終的過程，讓我體會到飢餓、口渴還比較容易熬過，最艱難的是長期失眠加上慢性疼痛。她因為長期的神經痛，很想去瑞士進行安樂死，曾經三次吞食大量的藥物自殺（註：一般醫師開的鎮靜、安眠藥，即使大量服用也不會致死，請勿作此嘗試），女兒不忍母親長年受苦，告訴她斷食往生的方法。她聽到訊息的那天，就想開始執行了。但是為了等旅居國外的小女兒請假回來陪伴，又等了五個月。因為知道終點在哪裡，她的睡眠和心情有顯著改善。

第一週的減食過程還好，餓了吃一口白飯，就改善了，身體寒冷喝幾口熱咖啡，就舒服多了。第八天開始不吃、不喝，當天晚上，女兒緊急來電，母親疼痛難當，抱怨不知道這個方法這麼漫長、這麼痛苦，早知道就割腕（這是情緒的表達，她當然也知道不可能）。因為是吃完團圓年夜飯，大年初一開始斷食，所以我事先找不到居家安寧團隊協助。當晚幸運的聯絡到年假期間夜晚仍在外照顧病人的居家安寧醫師佛心來著願意緊急救援，幫忙打了一針，留下一些藥劑。當天病人睡得很好，家人安心多了。無奈長久失眠、慢性疼痛，藥物效果不大，每天睡不到八小時，度日如年，疼痛、口渴成了很大的考驗。雖然嚴格控制飲水量，可以避免斷食過程拖太長。但是當下口渴的困境，還是要滿足其需求。不要大口大口喝，要經常濕潤口腔，或者漱口，或者用噴霧器噴水。口渴難當，嚴格禁水，是沒有必要的。反倒讓病人心中有怨，時間更難熬，相對來講，也是一種延長。

大女兒告訴母親：「我照顧你三十年，是全世界最了解你的人。最好的臨終陪伴者就是我啦！」她談及她幫媽媽清潔身體、洗澡的時候，會問媽媽：「我以前小時候，你是不是也這樣照顧我呢？」媽媽會說：「當然是啊！」抱著媽媽陪她說話的時候也問：「我小時候你是不是也這樣抱著我，秀秀我呢？」媽媽白她一眼：

「不是我，還有誰呢？」我聽著身上一股暖流。我稱讚她孝順、有耐心、有智慧。我們的結論是生孩子的苦，媽媽只能自己承擔（除非作無痛分娩）。身體虛弱時，疼痛加劇，臨終的過程必定辛苦，媽媽也只有自己承擔（除非有安樂死）。幸運的是二十四小時有兩位女兒、兩位孫女陪伴，讓辛苦的最後一哩路，交織些許歡樂與安慰，以滿滿的愛為主軸。最後幾天，病人睡眠時間越來越長，安然離世，為期二十一天。

對於仍有意識者，自主斷食過程中，會表達想吃或想喝的欲望，如果照顧者可以提供最少的量來滿足其欲望，或者給予陪伴、舒適照顧，如聊天、唱歌、聽歌、精油按摩等等來轉移其注意力，通常過幾天飢餓的感覺就變少了。口渴相對比較難熬。如上所述，最難克服的是失眠與疼痛。如果鎮定劑有效，昏睡中熬過早期的饑渴症狀，到了晚期嚴重脫水，自然睡眠時間延長，就比較輕鬆了。

自主斷食者，我會請家屬用手機錄下病人親口敘述自己因為病情如何痛苦，因而自主採取停止飲食的方法以期早日脫離苦海，也可以順便錄下留給家人的話，作為紀念。用訪問的方式，留下記錄也很好。錄影是為了保護家屬和照顧者免於被告。雖然，發生訴訟的機會不大，但有備無患。因為沒有進入醫療體系，所以連簽署「預立醫療決定書」都免了。

有位兒子幫即將進行斷食的母親錄下最後的愛語和叮嚀給每位家人、子孫，沒有想到她還沒開始斷食就善終了，家人從各地回來奔喪時，雖然沒有見到長輩最後一面，但是看到長輩說出對自己的肯定和叮嚀的影片，莫不感動落淚，也深刻感受到長輩對自己的愛，心中充滿感恩而化解了不少悲傷。在討論斷食往生這個方法的時候，他母親因為久病而懷疑自己的一生毫無價值，這個兒子細數母親這一生有許多重要決定，對這個家庭有了不起的貢獻，把自己的成就歸功於母親的以身作則以及教導，讓母親臨終前感受到自己的價值，還有兒子對她的愛，這也是善終最重要的元素。

除了上述兩位帕金森氏症、一位脊髓病變長者以外，其他自主斷食的案例包括癌末、心臟衰竭、漸凍症、小腦萎縮等。

雖然有國外研究報告指出，因為年紀輕者腎臟水分充足，若小於六十歲自主斷食較為辛苦。不過個人經驗發現，即使是較年輕者，假如其體力因重症嚴重衰退，譬如癌症末期，其斷食至死亡時間並未延長，甚至可能更短。斷食至死亡所經歷的時間長短，最主要影響因子依序是病人身體狀況、完全斷水時間（七到十四天），其次才是年齡。

七、善終法的孤兒

有位七歲的小妹妹，出生時臍帶繞頸造成缺血性大腦病變，極重度失能，沒有語言功能，四肢癱瘓。爸媽很愛她，認真帶她去復健，坐著特製輪椅去上學。爸爸、媽媽的臉書有許多三人甜蜜相處的照片，只要身體沒有不舒服，小妹妹總是笑咪咪的。那迷人、無邪的笑容，連我的心都要融化了。媽媽說她很會撒嬌，也會調皮。

小妹妹六歲以前都由口進食，每天可以吃四碗粥。有次吃東西嗆到造成吸入性肺炎，住院中被插上鼻胃管，營養師給的處方是每天灌六次，每次一瓶小朋友的配方奶，一瓶二百四十毫升，二百四十大卡，等於每天一千四百大卡。跟插管臥床的成人攝取熱量和容量一樣。出生就癱瘓，沒有站起來過，骨骼和肌肉都沒有發育的小孩，她的胃能有多大，有辦法和成人一樣，每次一罐，每天六罐？家屬抱怨根本灌不進去，頂多餵四罐，還是常常吐奶。

插鼻胃管之前，小妹妹體重十五公斤，身材適中，手腳比較細，因為沒有多少肌肉。插鼻胃管一年八個月體重增加到二十六公斤，變得胖嘟嘟，連腿都很粗。

正常小孩新陳代謝比大人快，運動量很大，在發育中，可以理解為什麼需要與大人相近的熱量。但是出生就臥床沒有發育的小朋友，沒有理由給這麼多。過胖、灌不進去、不斷吐奶就是最好的證明。我建議餵食量減少一半，結果小朋友昏睡的時間減少，精神變好，常常笑咪咪的。三週後體重下降了四公斤，有天爸爸說小妹妹跟著自己的影片哼歌，一年多沒有這麼高興了。

插鼻胃管之後，小妹妹經常因為肺炎或腸胃問題住院，半年前感染新冠肺炎，嚴重到使用呼吸器，後來可以自行呼吸回家療養。三個月以後又住院，醫師診斷左肺塌陷，使用呼吸器一段時間，終於脫離呼吸器回家。兩個多月以後又因為肺炎入院，這次連右肺也塌陷，呼吸器拿不掉了。十二個月內住院八次，常常要住加護病房，爸媽真是心疼。妹妹肺部功能越來越差，整個人的反應也變差，經常處在昏睡狀態。爸媽要求醫師放棄治療，讓小妹妹解脫去當天使吧！問了兩家醫院，都說沒有辦法。

後來媽媽來信詢問我小妹妹斷食往生的可能性。我在居家護理團隊裡面詢問有沒有人可以到府訪視協助臨終照護。她們回覆沒有兒童的臨終照護經驗，無法接案。有位醫師願意幫忙詢問該院的小兒科醫師看能否住院安寧。我請爸媽帶著病歷摘要以及小妹妹現狀的影片去掛號，醫師建議讓小妹妹住加護病房檢查，一個月以後出院，在家安寧。因為小妹妹不是腦死，不符合撤除維生醫療的條件。居家安寧時，小朋友不能使用嗎啡（其他醫師告訴我可以），會開立「抗組織胺」（感冒藥，有助眠效果）讓妹妹沉睡，減少痛苦。

我聽到這個回報，心中困惑。但這是我拜託來的，也不好說什麼。

擔任婦產科醫師的先生說：「現在可以在家裡照顧的小朋友，住院檢查建立病歷可以理解，但為什麼要住加護病房？而且，為什麼要一個月？」

我說：「也許因為她在用呼吸器。」

孩子的爸爸說：「那就去住吧，但是一個月太長了。」

我想到小妹妹一個人離開爸媽住加護病房，深感不忍。

第二天上午，爸爸通知我，不去住院了，「抗組織胺」自己也買得到。

我聽了正中下懷，爸爸真有智慧。

我說：「假如你們心臟夠強，妹妹出現什麼症狀都可以接受，在家進行，對妹妹是最好的。」

既然孤立無援，我們三個臭皮匠就來完成這件事吧！我不但不是小兒科，連內科醫師也不是。心中雖有忐忑，但是想想從技術上來講「求死容易，求生難」。若是兒童罹患重症要救活，這個我沒辦法，但是要讓孩子斷食往生，目標只是減少過程的痛苦，相對容易多了。

假如小妹妹是嚴重的呼吸衰竭，拔掉呼吸器比較快。她可以脫離呼吸器數個小時，我們決定還是斷食吧！

從每天四次半罐減到完全不喝奶花了一星期，這段時間小妹妹的昏睡時間縮短，精神變好，經常笑咪咪的。

曾經發生抽痰、拍痰之後，痰還是很多的狀況，我建議用棉棒去清喉嚨，挖出不少黏液（很稠的唾液和分泌物），後來痰就不再是困擾了。

爸爸傳來妹妹整張臉腫起來的照片，原來是固定鼻內呼吸管貼膠布的地方皮膚過敏，撤掉呼吸管，發現不必呼吸器了。

又過了三天，完全斷水，隨著脫水嚴重，開始發燒，我確認沒有尿路感染和呼吸道感染，家長也知道要貼退燒貼片。

小朋友接著出現的是癲癇，有次連續十個小時。我看了影片，是小發作。

我擔心我非小兒科醫師，是否遺漏了什麼？打電話請教小兒科同學，確認這種腦部缺氧的小朋友很容易癲癇，已經吃了四種抗癲癇的藥，決定繼續服藥！

有一天小妹妹微燒，沒有感染跡象，但是心跳一百八十，睡得很少，有點過度興奮，伴隨著小癲癇。我和兒科同學都推測可能是迴光返照。

次日，發高燒，癲癇，心跳回到一百一十。我告訴爸媽心跳越來越慢，就離死亡更近了。退燒貼片加倍，房間通風，少蓋被子。

第三天（啟動斷食第十九天），媽媽傳來訊息：「妹妹今天凌晨去當天使了！我們很高興沒有在醫院臨終，在家裡我和爸爸才能一個人握著她的一隻手，陪著她睡，她在睡夢中走了。睡前，我在她耳邊告訴她，我們好愛好愛她，告訴她：『你是一個好棒的小孩，你教了我們好多事，你可以畢業了。』」

之前，長輩解脫我只感到歡喜。但是，我對小妹妹的離開感到不捨，腦中她那天真無邪的笑容縈繞不去。

當天傍晚我在台東長濱面對著海靜心時，發現天好大，雲好多，想起最近幾個月斷食去天上的菩薩們，天上的雲朵彷彿是他們自在翱翔的身影。突然看見左下方有幾朵雲形成一個胖娃娃，圓圓的頭、胖胖的身體、短短的腿，有趣的是她以「自由式」泳姿一直向那些爺爺、奶奶雲飛過去，從左下方飛到了我正上方，形體都沒有改變。我一直看著，心想：「妹妹，我知道你自由了！」最後她的背上出現了小翅膀，頭頂上方的手打開手掌跟我說「再見——」，我的心充滿了溫暖與歡喜，放心了。

我在一次遺傳諮詢協會的演講中談到這個個案，引起很大的迴響。因為她們長期追蹤、陪伴有先天性遺傳疾病兒童，發現整個大環境對這種嚴重失能兒童的照顧，比起成人來講資源更加不足，不論是安寧緩和條例還是病人自主法都把未成年人排除在外，兒童的安寧緩和專家顯然也更缺乏。如果小朋友情況非常差，家屬想放手更是求助無門。比利時的安樂死條款，已經把兒童也列入。顯然我們還有很大的進步空間，人權先進國家的改革歷程值得我們學習，這是我們幸運的地方，可以少走冤枉路，就看當政者是否有看到這個部分。

小妹妹的媽媽（芝音）寫下了她的心情轉折：

這是一張目的地「回歸光中」的單程機票。

沿途上由無條件的愛為您服務，從相遇的那一刻起也許就為這趟旅行計畫著，在啟程前的每一天都是珍貴的時光。

妳選擇了極重度身心障礙的身軀來這個世界體驗最強大的力量——愛。在我們接觸到斷食善終之前，對妳生命的計畫原本是很有可能成為孤單的社會負擔，而決定進行這個計畫時，我們每天每天都擁抱妳、和妳開開心心地度過每一分每一秒，當然，其中也曾萬分不捨的抱著妳不停地流淚，一句又一句的好愛好愛妳、謝謝妳讓我當妳的媽媽……妳是世界上最棒的小朋友，是我唯一能說出口的話語。

然而心情轉折同步進行，每天都懷疑我們的決定是正確的嗎？真的走在正途上嗎？我是不是再重新灌食，孩子就能繼續在我身邊？這樣就沒事了，對嗎？冷靜後，現實問題席捲而來，龐大的醫療及生活費用、照顧人力、沒有品質的生活，以及最重要的——孩子承受的疾病與身體缺陷，我怎麼能夠眼睜睜看著她每一次在鬼門關前徘徊，只因為我「捨不得」就一再重蹈覆轍，不在乎她多痛苦只求能緊緊抓住她，而她的生命跡象分分秒秒都被機器上的數據制約著。

於是我們理解到有一種愛是放手。

如今回顧點點滴滴，多希望能夠再早一點理解到什麼是「善終」，而不要無謂的接受苦苦相逼的「醫療死」。

因為孩子我們接觸到許多小朋友，插著各種管線維持生命跡象，眼睛一樣骨溜溜的轉，但是因為疾病無法表達與溝通，照顧者也只能把一吸一吐的呼吸節奏當成自我安慰，安慰著自己不是壞人、安慰著自己這是為你好，然而身為父母給予生命之後，應該要學會尊重個體，並非將生命當成自己的資產或是所有物來看待，我們必須學習思考生命的意義從來都不是將自我意識套用在兒女身上。

希望這些文字能夠讓曾經和我一樣迷失方向、懷疑自己的家屬們，靜下心來思考自己是否真的了解生命的本質，而我們體會這些課題背後真正需要學習的究竟是什麼？吵鬧的孩子真的是想吃糖嗎？還是孩子要的只是真心的關愛呢？

非常感謝畢醫師素未謀面卻給我們強而有力的支援及幫助，指引我們方向並為我們的心靈帶來強大的建設，畢醫師消除了我們那些懷疑、擔憂、無助的負面想法。

如今我們能微笑著回憶孩子在身邊時的甜蜜點滴，慶幸她留給我們最後的畫面是安穩睡著的面容……而不是充滿管線、掙扎、驚慌不安的非自然死亡。而孩子並不是消失，消失的是那特殊的身體狀況。藉由愛的轉化成為滿滿的愛、成為一道光在我們左右。

一、拒絕無效醫療

註1—《吞嚥困難安心照護飲食全書》，臺大醫院十四位復健科&營養師團隊，原水文化，二〇二二。

二、安寧緩和醫療條例的實施與局限

註2—二〇二二年五月一日安寧緩和條例適用對象新增：末期衰弱老人、末期骨髓增生不良症候群、符合病人自主權利法第一項第二至五款條件病人、罕見疾病或其他預估生命受限者。

註3—《死亡的臉：一位外科醫師的生死現場》（*How We Die: Reflections on Life's Final Chapter*），許爾文・努蘭（Sherwin B. Nuland）著，楊慕華、崔宏立譯，時報出版，二〇一九。

三、無意識者拔管善終流程

註4—《大往生：最先進的醫療技術無法帶給你最幸福的生命終點》，中村仁一著，蕭雲菁譯，三采文化，二〇一三。

四、管灌病人的餵食量問題

註5—Okada K, Yamagami H, Sawada S etc. The nutritional status of elderly bed-ridden patients receiving tube feeding. *J Nutr Sci Vitaminol* 2001;47（3）:236-41.

五、病人自主權利法的精神與矛盾

註6—〈末期失智個案之居家安寧照護經驗〉，《台灣家醫誌》第二十八期（二〇一八），頁四五—五三。

遇到病人出現吞嚥障礙時，不要輕易插鼻胃管，對病人來說，放置鼻胃管很不舒服，而且無法真正預防吸入性肺炎。可以到復健科看診，接受門診的語言治療（吞嚥訓練）。治療師會指導準備食物的方式，有效餵食的方式，盡量延長其經口餵食的時間。我們稱之為「細心手工餵食」（或舒適餵食）。連細心手工餵食都無法讓病人進食時，就是讓病人停止吃喝、安詳往生的時機了。

細心手工餵食（舒適餵食）要點：

1. 在清醒與身體功能較好時進食。
2. 照顧者與病人面對面坐著，餵食全程要非常專注。
3. 餵食前需做好口腔清潔及潤濕口腔。
4. 病人保持上半身直立，脖子微微前傾，此姿勢可避免被食物嗆到。
5. 選擇病人喜歡的食物與用餐環境，可與家人或朋友一起用餐，增加用餐的愉悅度。
6. 重視食物的感官刺激（視覺、嗅覺、冷熱、味覺等），提高病人食慾及吞嚥能力。
7. 注意食物的形狀、濃稠度、濕度、軟硬度及沾黏度等，盡可能的均質。
8. 可減少單次食物份量，少量多餐，每一口的大小要小於一茶匙，盡量定時定量。
9. 可搭配濃縮的高蛋白質、高熱量營養配方，增加營養素及熱量的補充。
10. 若會嗆咳則可於液體食物中添加增稠劑，如連藕粉或是藥局出售的快凝寶等。
11. 避免急迫或強迫性餵食，餵食每一口之前，需確認口腔內已沒有殘餘食物。
12. 照顧者要留心病人所發出的非語言訊息，以了解他是否有吞嚥困難或噎到的情況。
13. 使用飲食輔具，例如特殊容器、單向吸管或防滑墊等。
14. 餵食後，可將床頭抬高至少三十度且至少維持一小時，避免食物或胃酸逆流。

註7｜*Voluntarily Stopping Eating and Drinking: A Compassionate, Widely Available Option for Hastening Death*（暫譯《自主斷食》），Edited by: Timothy E. Quill, Paul T. Menzel, Thaddeus Pope, and Judith K. Schwarz，麥田出版，二〇二四。

第三章

生命是永續不死的能量

一、放手的抉擇

我娘家的文化對死亡很豁達，不怕死、怕病苦。所以父親老年時有交代，無論發生什麼事都不要送醫院。他熟讀《西藏生死書》，深信自己會在睡夢中死亡。果然在九十二歲的時候，某日自己吃完晚飯，半夜身體不舒服，說自己大限已到，次日上午上完廁所覺得很累，躺下休息，不多久就斷氣了。我們家不忌諱談死亡，我母親中年時就跟我反映阿姨接受辛苦的癌症治療，三年後復發死亡，這樣完全不值得（我雖感訝異，但更加了解她有多怕病苦）。我擔任復健科醫師看多了重度失能臥床的病人，無法接受讓母親受這種苦，當然可以放手讓母親在小腦萎縮症晚期吞嚥困難、無法翻身的時候斷食善終。

有一位醫師朋友，母親失智臥床十幾年，已經九十幾歲，最後幾年經常因為肺炎往返加護病房。我曾建議有任何不適，自己是醫師在家保守治療就好了。能復原就復原，救不回來了就順其自然。其母往生後我們談起此事，他仍然堅持對於長輩，一定要盡力讓他們活著。他自己呢，卻表示假如失智認不得家人了，請家人不要救他，放他走。一些民調顯示，確實有不少人對於家人和自己如果失能臥床是否要極力搶救，會有不同抉擇。

我想這源自於兩個長久以來束縛我們的禁忌。首先，對大多數人來說死亡是非常大的失落，親人逝去是一種永久的離別，因此無法放手。我對死亡有不同看法，我接納受苦的母親自然死亡，因為終結的是痛苦，而不是生命。我感受到與母親的連結並未消失，她永遠活在我的心中。母親也因我而繼續活著。有一次演講，有位具有通靈能力的聽眾隔天告訴我，我母親當天在現場，她很快樂、很高興我目前在做有意義的事情，給了我更大的信心。

其次，撤除維生系統或者停止餵食，對家屬來說，會認為是因為自己的某種作為造成了家人的死亡，對多數人來說，生命神聖不可侵犯，不願意做出這樣違背倫常的事情。我的看法不同，插管本身是人為的干預，妨礙了家人的自然死亡。撤除維生系統，是回歸自然，還給家人天賦的死亡權。家人本來是會自然死亡的，但被我們阻礙了，我們只是移除了這個阻礙，並不是殺人。病人是死於老衰重症，並非死於停止人工餵食或撤除呼吸器。

我遇過兩個家庭，母親都插管臥床二十年了，有女兒貼身照顧，身體狀況維持得很好，從來也沒有壓瘡。

其中一位母親有個女兒是醫師，閱讀了《斷食善終》這本書，從反對到接受，和手足花了幾個月才取得共識，漸進式的減少灌食量，母親在一個月後離世。她們一直很不捨母親辛苦臥床，雖然希望母親可以早點解脫，但以為只能聽天由命，人無法干預天命。知道斷食往生的方法後，母親安詳往生西方樂土，子女們為母親感到安慰。我告訴她：是醫療干預了天命，人為延長了死亡，斷食是回歸自然法則。

另一位母親有三個女兒，主要照顧者是小女兒，大女兒假日來幫忙，二女兒是主要的經濟支持者，出錢雇請外籍看護以外，還每個月補貼錢給姊姊、妹妹。在閱讀了《斷食善終》以後，與姊妹討論，她們反對讓母親餓死。二女兒本身也不是很贊成，她說：「母親養育我三十年，也許我需要照顧她三十年回報她。」這是她在我演講會場講的話，我和許多聽眾都愣住了，她願意再照顧母親十年，讓母親再躺十年，這是哪一種愛？還是背後是很深的愧疚？但這樣的補償是母親要的嗎？符合母親的最大利益嗎？幸虧後來她們接受了我的另一個建議，不要啟動洗腎，母親在四個月後往生，往生前對女兒說了謝謝。

無獨有偶的，我聽過類似的說法。我一位移居美國的朋友的婆婆在台灣失智臥床十幾年，現在已經九十五歲了。朋友的先生出錢，她的小姑另租房子請外籍看護照顧。她先生每年從美國回來探視幫忙照顧兩個月，看了我的書以後，跟妹妹商量：「媽媽這樣太辛苦了。我們不要繼續餵，讓她早點解脫吧！」妹妹說：「媽媽年輕守寡，一輩子辛辛苦苦把我們幾個孩子養大，從來沒有享過福，現在每天有人伺候她，這是她的福氣。你不能不餵她，你這樣是謀殺、是大不孝。」我聽了毛骨悚然，無言以對。無法理解這樣的觀念，內在的癥結是什麼，也是愧疚嗎？

我跟朋友說：「你作媳婦的就什麼都別說了，這是他們母女之間的『業』。我們影響不了，只能放下！」有一位學佛的師姊很贊同我幫忙臥床老人善終，她提醒我「隨緣但不攀緣」。我負責提供這個訊息給民眾，大家會有何想法，願不願意接受，都不是我能左右的，我也無意左右。凡事自然有其因緣。

美國沃瑞棋醫師在《二十一世紀生死課》[1]書中舉例談到他如何說服重病無法復原的病人家屬放手，其出人意外的過程，讓我讚歎不已。

老太太因為心臟病發入院，她的腎臟也幾乎失去功能。她的情況日益惡化，治療越來越像是在拆東牆補西牆：由於她的心臟十分虛弱，我們每次為她做血液透析（洗腎），她的血壓都降到危險範圍。眼見她的病況已難以承受透析，透析人員也漸漸不忍再做嘗試。我知道希望已非常渺茫，覺得是時候和家屬談談，討論一下後續照顧方向了。

全部家屬到齊，我們的醫療團隊包括社工來到病房。老太太嘴巴張開面朝天花板，不發一語。小女兒趴在媽媽身上啜泣，大女兒靜靜望向窗外，他們的老父親坐在椅子上，不安的擰著帽子。我向他們說明病人的最新狀況，語帶遺憾的表示繼續做透析可能有害無益。

大女兒向來自嘲是「不孝女」，她態度悲觀，似乎傾向接受我們的建議。小女兒自顧自地指責我們討厭她媽媽，說我們是厭倦照顧才千方百計想「把她弄走」。她不斷說自己才是媽媽最疼愛的人。老先生手足無措，有氣無力的說：

「我覺得自己的情感在和理智作戰，我理智上知道再做治療也沒有用了，可是心裡放不下，我不希望她死，不想她離開我們。」

一陣沉默之後，大女兒問我：「醫生，如果是你媽媽，你會怎麼辦？」我一聽就知道機會來了，是時候調整對話方向了。

「可不可以多談一些令堂的事？」我問。

那家人面面相覷，完全沒料到有此一問，我繼續說：「我們已經講了不少關於她的事，可是我覺得我還不夠了解她。」

兩個女兒像是受到觸動，開始緩緩講起印象裡的媽媽。老太太也許是世上最溫厚的人之一吧，她連螞蟻都不打……，她最愛做的事，就是為親朋好友煮大餐。病房裡的氣氛不一樣了，老太太的溫暖化開了凝重。

我小心翼翼地問：「你們覺得，對她來說最重要的是什麼？」

一直沉默不語的老先生，這時總算開口：「對她來說，要是沒辦法煮大餐給大家吃，沒辦法跟朋友出去走走，人生也沒什麼意思了。」

他們原本希望我能提供解答，但經過這些回憶，答案已變得不證自明。

這位才三十出頭的年輕醫師，只問了兩句話，成功的讓家屬從站在自己的角度思考，轉而從老太太的立場來考慮，那什麼是對老太太最好的選擇就非常明白了。

所以要能放手的關鍵，就是為病人設想，而不是只顧及自己的情感與需求。孝順不是把受苦的父母留在身邊伺候，而是順從父母的意願，以他們的最大利益為考量，讓他們離苦得樂，脫離這個已毀壞的軀殼之束縛，到天上無病無痛、自由自在，開啟另一段旅程。

死亡是另一段生命的開始。對往生者如此，對放手的遺族而言，何嘗不是如此。

不能放手的另一個關卡是：不知道長輩的意願。也許長輩不曾明確交代不插管、不急救，不要躺在床上受苦。但是，長輩有說過即使插管臥床也要盡量讓他活著嗎？假如沒有這樣交代，為什麼我們要替他／她做這種決定？假如我們看到親人這樣插管躺著、抽痰身體抖動都忍不住要落淚，當事人若能表達，一定是說：「讓我走吧！」

家中有一人願意放手容易，但要讓所有家人都有共識，並不是那麼簡單。我娘家因為平常就經常討論生死議題，所以早有共識。一般家庭，如果有一人提議讓長輩斷食往生，要花不少心思，而且要有溝通的智慧，才能逐漸說服所有家人。

一位我從前的病人八十七歲了，嚴重腦中風無法言語，癱瘓在床。她的先生九十歲了，失智十年，不認識人，不會說話，只能臥床或坐輪椅。兩個人在健康時都有交代不插管、不臥床。他們有二女二兒，次女從國外回來聽到母親經常哀號，知道母親的靈魂在求救，看到父親不認識人，反應越來越少，感受到他們都在受苦，希望完成父母以前的交代。她向手足提出「斷食善終」這個作法時，其他人就算知道這是父母的心願，心中難免有各種疑慮與不捨。在反覆溝通取得共識之後，她寫給手足們的公開信，令人動容。

大家早安，經過溝通，了解我們家兩個盡心盡力的媳婦，身體健康因為長期的壓力發生很多的問題與狀況。爸爸媽媽「居家照顧」這幾年有形無形給家中帶來非常大的工作負荷和壓力，尤其是精神上的，更不用說張羅全家三餐、醫療用品、醫院門診、疾病住院、兩個看護的管理和生活的細節⋯⋯。

如果現在不進行「斷食善終」，就是我們子女決定讓爸媽繼續過著疾病臥床，無法行動，生活無法自理的日子。媽媽中風之後，不到三年時間全身僵硬、喉嚨舌頭退化，每天約十個小時以哀嚎的聲音來表達她身體嚴重的不舒服，更不要說精神上的折磨。爸爸除了嚴重失智以外，因為藥物副作用和身體功能退化，全身痠痛不斷抓癢，肯定是每天忍受著痛苦的折磨。

我長年在國外每天醒來就感謝在台灣照顧爸爸媽媽的兩位弟媳和看護，這是發自內心的感謝與祝福。很高興離別三年（疫情緣故），今天能夠再看到爸爸媽媽，抱抱、摸摸他們，說說話、唱唱歌、聊聊天，這也是我今年最大最大的收穫。我們兄弟姊妹住得這麼近，還有弟媳、女婿通通都在爸媽身旁，我相信爸爸媽媽每天都感受到家人的照顧關心跟支持。我最感佩服和安慰的就是三年前兩位弟媳接受與安排爸爸媽媽在家照顧，沒有送往老人院，這是爸媽晚年最大的福氣。幾年的「居家照顧」之後，爸媽無復原機會，情況越來越嚴重，現在安排進行「斷食善終」是我希望能夠達到的目標。

一般而言，美好的事或重大之事，都需要數次的溝通和無比的耐心，這一點我有很多的學習，因為「事緩則圓」。進行斷食往生這個重大的決定，我的態度是：一切不可強求，家人要感覺自在，要願意放手，才能夠無憾，這是王道。爸爸媽媽好聰明，生的四個孩子，在他們面對晚年生活的困境時，讓我們兄弟姊妹以及媳婦、女婿，有機會不停的學習和成長，原來這是爸爸媽媽送給我們最好的禮物。面對我們的長輩病痛纏身面臨往生之時，彼此透過和家人對於「斷食善終」的討論和溝通、意見的表達、議題的論述、尋找資源這些都是很重要的學習，這也是讓我們更加團結的力量。感謝，與大家共勉。

數度來來回回的溝通之後，他們決定同時為父母進行斷食往生。從一般角度來看，他們要同時失去父母，是雙重的悲傷。但換個角度，父母在數年的低品質生活之後，可以攜手到天上作神仙眷侶，庇佑自己的子孫，不也是美事一樁嗎？

有位九十八歲的女性，身體功能日益衰退，同住的兒子已經八十歲照顧不了了，把母親送到安養中心，沒多久因吸入性肺炎住院。小女兒記得母親的交代，拒絕讓母親插鼻胃管，醫師說：「讓病人餓死，太不人道。」兄長只好簽名讓母親插管。小女兒愧疚、傷心不已，自己帶著資料去掛安寧緩和科門診，我請她把醫師的意見錄音起來回去放給兄姊聽。兄姊聽了立刻改變觀念願意讓母親斷食，轉往安寧病房進行。解鈴還要繫鈴人，這也是一個幫忙達成共識的好方法。

有朋友反映婆婆插管臥床七、八年了，已經不會講話，每次去探望她，總是食指打勾，表示想死去，無奈自己只是媳婦，也無能為力。有位九十八歲的老太太，意識模糊間總是喊著：「阿母啊，金甘苦，緊欸啦！」子女也知道母親想趕快回到外婆那邊，不再強迫餵食。另一位男士的父親插管臥床期間，住在安養中心，他定期去探視。隔壁床的阿伯，不太會講話，若是講話都是同一句：「讓我去死啦！」多年後，他仍忘不了這個畫面。父親和這位阿伯成為他的生死學導師，他早早去簽了「預立醫療決定書」，並且和家人交代清楚，自己若是生命品質很差、活著沒有尊嚴，不做無謂延長死亡的治療。簽署「預立醫療決定書」不只是保障自己的善終權，也是在保護子女免於爭端，免於法律的刑責，同時保護了尊重病人意願不做無效醫療的醫護人員。

二、何處臨終

在醫院工作四十幾年，每次進到病房探視時，很同情病人和家屬在一張病床、一張陪病床（拉起來成為椅子）布簾圍起的狹小空間裡待上好幾天，甚至幾個星期。不只空間小、沒有隱私，還不時的有人來人往，醫師、護理師、清潔的、送飯的、探病的。冷氣開得好強，晚上每兩個小時護士會來請癱瘓的病人翻身。住個人房，可能才多個沙發、茶几可休息，不被鄰床的各項活動、夫妻吵架所干擾。在這樣的環境下，連吃好、睡好都談不上，如何能養病呢？何況身體不適，身上還有傷口、管路等等。我完全能體會，病人多麼想趕快出院回家的心情。

民調顯示百分之九十以上的人，想要在家善終。偏偏醫療普及以後，百分之八十左右的人死在醫院。善終的定義中，有一項是在自己家中或者熟悉的環境往生。以斷食往生來說，目前願意照顧這種病人的醫療院所極少，所以比較可行的方法是在家中進行。有些病人在狹小的房間躺了幾年，也是一張病床、一張陪病床（外籍看護用），不過至少房間裡有許多自己熟悉的東西，家人的照片、兒孫的作品等等。房間外可能就是客廳，家人的活動近在咫尺，每日會進來探視幾回。斷食期間，建議將病床放在客廳或夠寬敞的房間，如此家人可以就近了解病人的狀況，來探視的親友也方便跟即將往生者說說話，好好道別。

在家臨終，對病人是最好的選擇。對家屬而言，壓力卻很大。他們需要專業的人員諮詢和陪伴，居家安寧照護團隊通常每週可以有兩次的訪視，醫師可以提供需要的藥物治療。團隊成員與家人成立一個 Line 群組，隨時可以聯絡，討論病情，必要時可以緊急探視給予治療，家屬也感到安心。

網路搜尋「安寧資源地圖」可以找到居住縣市醫院附設的居家安寧團隊，或者獨立經營的居家護理所提供安寧照顧。若需要請有臨終照顧經驗的看護或照服員，目前也有網路平台可以在上面徵求。這種平台應該有很多，我列舉兩個供讀者參考。臉書搜尋「長期照顧服務從業人員工作資源平台」，以及「老寶貝居家照顧服務員／家屬社團」可以在網上徵求人才。

假如長期臥床者是養護中心的住民，為了斷食往生而帶回家，有些家庭會無法配合。譬如是租來的房子，或者房子的空間太小，家中沒有照護的人力，可能有人忌諱家中有人死亡等。最好是在原來的養護中心就地斷食，目前這樣的機會微乎其微。多數安養中心仍停留在病人有任何狀況就送醫，即使是臨終也要送急診的狀態。就算簽過ＤＮＲ（拒絕心肺復甦術），很多醫師只認知不做心肺復甦術，其他所有的侵入性治療還是會進行，讓病人臨終受罪。有家屬質疑，病人已經簽了放棄急救，為什麼還要做侵入性治療？醫師的回答似乎也有他的道理：「病人都送到醫院來了，該做的都要做。」所以唯一解套的方法是「臨終病人不要送醫」。

如果找到養護中心可以讓住民就地臨終，那病人可以避免生命末期的醫療折磨，陪伴的家人也可以比較輕鬆。我期待將來多數的養護中心可以提供此種服務，那將減少許多醫療的浪費，更重要的是讓許多人有善終的機會。

在《康健》雜誌看到一篇〈長輩願意在機構過世，是我們的光榮〉為題的訪談，真是感動。位在新北三芝的雙連安養中心執行長蔡芳文說：「阿公、阿嬤的一生值得驕傲，能幫助他們尊嚴、瀟灑地離開，多好。」最近有位七十八歲失智老太太，因為肺炎住院，生病前就表達過拒絕插鼻胃管，只接受基本的抗生素治療，病情穩定以後，回到雙連安養中心，在安息室中不吃不喝，九天後安詳往生。安養中心同時提供臨終的安寧照護，是最符合人道的。

日本中村仁一醫師在《大往生》[2]書中，就是在推廣這件事情。他於二〇〇〇年從大型醫院退休轉任養護中心，發現住民只要有個風吹草動，就被送往醫院，臨終也是如此。他很有耐心的向家屬和工作人員解釋，病人進入「枯死期」時，讓病人自然不吃、不喝，不要進行任何的強迫灌食、點滴等醫療行為，病人可以安詳自然死。他二〇一二年出書時，該養護中心的住民百分之六十都是就地往生，臨終不送醫。日本有非常多的養護中心跟進。

但願政府可以鼓勵、輔導養護中心提供這樣的服務。假如病人在養護中心安寧往生，給予相當的補助，或者列入評鑑項目，也許可以推動病人就地安寧的風氣。台灣的養護中心有六萬住民，每位臨終者都送急診的話，病人無法得到善終，龐大的醫療費用也是健保一大負擔。

我協助斷食往生的第一位菩薩是在一家護理之家進行的。因為是第一個案例，單位中許多工作人員感到惶恐。首先有人覺得這樣太殘忍，認為病人是餓死的。病人的女兒是該單位的主管，向大家說明父親失智二十年，臥床十年，這個過程不論是父親、母親都是歷盡艱辛。雖然身為女兒會感到不忍，但是為了父母好，不得已做這樣的選擇。她分享我寫的《斷食善終》給同仁閱讀，簡略說明年老體衰者斷食往生與自然死類似，和健康的人餓死完全是兩回事。有人擔心這種事情違法，會被家屬告。護理長拿出家人簽署的文件，保證不會提告。會診了支援的安寧緩和科醫師，簽署了安寧緩和家屬同意書，判定病人屬於失智症「末期」，可以拒絕急救，撤除人工餵食的管子。還有同仁擔心照顧的過程會發生無法預料的狀況，戰戰兢兢。病人在漸進式減食、斷水後第十八天安詳的往生，很好照顧，過程平順。

病人過世後，我到該單位演講。工作人員的回饋是，整個斷食過程沒有原來擔心的那樣可怕，提供這種服務，讓長期臥床者離苦得樂，是很有意義的。我問她們將來若還有人需要這樣的協助，他們願意嗎？我聽到「願意」的回答，心裡感到欣慰。目前該護理中心已經幫助四位類似狀況的菩薩離開病床的桎梏，到天上去作神仙，家屬都非常感激，照顧者因為不必再被臥床的病人綁著，而有了新的人生，自由的生活。該護理之家已建立了完善的收案和照護流程，可以持續這種業務。只要跨出第一步，後面就容易了（可惜目前因故暫停）。

在美國自主斷食往生（voluntarily stopping eating and drinking）是合法的，壽險、健保都會給付，大多數醫院的安寧緩和科願意協助照顧這種病人。《自主斷食》[3]書中案例罹患癌症、漸凍症、帕金森氏症和失智症等，經過身心科和安寧緩和科的評估以後，根據病情安排適當的時程，入院以後完全停止吃喝，家屬可以來陪伴，親友來告別，第十到十四天左右會往生。我期待未來台灣有更多安寧緩和科願意照顧這類需求的病人。

有位三十七歲的女孩，鼻咽癌末期。她不知道還有多長的壽命，但是她要把餘生用在推廣「終點民宿」的觀念上。這是她與一群年輕癌友互動產生的想法。他們沒有自己的房子、沒有結婚、沒有孩子。想像著將來有越來越多這樣的人，無法在租來的房子裡臨終，臨終沒有家人陪伴，也不想在充滿藥水味、冷冰冰的醫院裡往生。那麼有沒有一種民宿或者社區的安寧中心，提供安寧的照護，讓這些單身的無殼蝸牛臨終的時候，有人陪伴，有人提供他們身心靈的需求。烏托邦似的一種想像，但誰說一定不可能呢？聽說有一位偏鄉的居家安寧醫師真的有此構想呢！

蘭嶼達悟人對於死亡有很多禁忌。他們認為重病末期與衰老接近死亡的人是惡靈附身，除了家人之外，其他人都不願靠近，重病者外出也會受到批評。傳統上老衰重病者為了不讓家人受惡靈傷害，常常自己搬到一個小屋居住，孤獨的度過辛苦的臨終過程。張淑蘭護理師在台灣接受訓練，回到蘭嶼成立居家護理所，到老衰重病者家裡去作安寧照顧甚至是遺體的護理，剛開始受到很大的阻力，族人誤會她這樣做是否想要分得土地。她的團隊提供往生者無微不至、專業的舒適照護，家屬心靈上得到很大的安慰。她們被越來越多的族人接受，正在募款建設「希望療園」。這裡有花園，就近可以望海，有牧師提供心靈照顧，希望未來臨終病人可以在這裡得到身心靈完整的照護，不必孤獨死去，家人也得以陪伴。

日本有一位護理師市原美穗於一九九八年在九州的宮崎市成立了「卡桑之家」（home hospice），讓生命末期無法回家也不願意住在醫院的老衰重病者，共同居住在她所租來的民宅裡。一戶卡桑之家收容五到六位病人，診療的醫師可以來此訪視，家人也可以來探訪。大家生活在一個有如家的場所，穿著自己的衣物，使用自己習慣的用品。所有的住民和工作團隊像家人一樣的互相支援，團隊有居家安寧的專業訓練，可以提供完善的臨終照護[4]。到二〇二二年，全日本已經有四十四個團體設立了六十四個「卡桑之家」（註：在日本服務的醫師朋友提供的資訊）。

台灣的獨居者會越來越多，許多小家庭也不方便家人在家臨終，看來像卡桑之家這樣的社居安寧之家，是很理想的存在。期待有熱心人士朝此方向努力。過去創世的植物人安養中心都曾經受到鄰里的抗議，但願思想逐漸開放的國人，不致於排擠專門收容臨終病人的社區機構。

目前的安寧緩和科附設在醫院，受到健保給付和住院日的限制，屬於相對不賺錢的科，要培訓這方面的人才不易，願意好好發展這科的醫院也不多。我有一個夢想，如果慢性呼吸病房的無意識病人都拔管善終了，轉型為財務獨立真正的Hospice（安寧醫院或安寧病房），收容需要安寧照顧的病人，不必受到住院日的限制，優先提供床位給獨居或低收入的末期病人，可以造福資源相對缺乏的人。

三、臨終照護

說到臨終照護，首先要具備的常識是，臨終可能有哪些現象？家屬具備這些知識，老衰重症者在臨終時就可以免於被送到醫院，接受痛苦的無效醫療。因為醫院是救人的地方，碰到會盡量救治的醫師機率很高。這已經成為多數醫者的反射動作，避免被告的習慣反應。

醫學教育只教育醫護人員各種狀況「應該做什麼」，卻沒有教大家「不要做什麼」。只有教「救命」，卻沒有教「放手」。美國的齊特醫師也有同樣的感概。

最常見的臨終現象就是活動量逐漸減少，睡眠時間逐漸延長，胃口差、越吃越少，虛弱、沒有精神，眼神渙散、不聚焦。若是緩慢惡化，沒有什麼緊急症狀，最好是聯絡願意到府訪視的醫師來看診。若確定是臨終現象，可以聯絡居家安寧團隊來照護（搜尋「安寧資源地圖」，聯絡離家近的單位）。

《生命的最後一刻，如何能走得安然》[5]作者瑪格麗特・萊斯是美國資深的安寧護理師，她在書中列舉了詳細的臨終症狀如下：

嗜睡：睡眠時間長，但清醒時，看起來情況可能還好。

意識混亂：也有可能臨終者用象徵或隱喻的方式表達，若能傾聽，可以給臨終者慰藉，雖然不一定能聽得懂。

躁動：有輕有重，若安撫無效，才考慮給予藥物。

失去食慾：因為新陳代謝開始緩慢，不感到餓，對食物失去興趣。從吃下最後一口食物後算起，可以存活數個星期。

水分攝取降低：因為喉部肌肉已經變弱，而且吞嚥反射變差，加上全身器官逐漸停止運作，喝水的欲望會降低。這時應該停止輸液，因為器官已經無法吸收水分。飲水少，可能引起口腔有黏稠的唾液，可以用濕紗布或棉棒清潔、濕潤，也可以用裝著清水的噴霧瓶替口腔噴水。從喝最後一口水算起，可存活約一個星期到十天。

脈搏和血壓變化：可能忽高忽低，忽快忽慢，越靠近彌留時刻，會摸不到脈搏或量不到血壓。

呼吸變化：可能忽然急促又慢下來，彌留時多半呼吸變淺變慢，有時沒有任何徵兆的就停止了，有的人會倒抽一口氣。

體溫不穩定：早期可能因為脫水而有發燒現象，可以用退燒貼片。然後體溫可能忽高忽低，最後體溫會下降。

雙手和雙腳：身體優先讓血液流到心臟、肺部和腦部，所以四肢的皮膚比較蒼白、冰冷，末梢也可能呈現青藍色。可以用乳液輕柔的按摩肢體，避免皮膚乾燥。肢體的接觸也可以讓臨終者感到舒適和慰藉。

嘴巴張開：當病人喪失面部肌肉的控制能力，下顎脫垂，嘴巴就會閉不起來。造成嘴唇和口腔更加乾燥，可以擦護唇膏，用棉棒或噴霧器濕潤口腔。（註：有位看護很有經驗，知道病人快走了，傍晚下班前在病人下巴墊一塊捲起來的毛巾，半夜病人往生，嘴巴仍合攏著，家屬看了非常感激。）

其他還有因為脫水可能造成尿液顏色變濃，或者混濁有味道等。若是情況嚴重懷疑尿路感染，可以給予抗生素。彌留時也可能因為凝血功能下降而出現血尿、皮膚紫斑、黑便等現象，事先有所了解，就不會恐慌。也有個案往生前一兩天出現全身冒冷汗的現象，家屬問我怎麼辦，我都說：擦乾就好，不要蓋太厚的被子。

失智或失去意識的臥床者在進行斷食的過程中，其臨終表現非常相似。對家屬而言，以前沒有經驗過，多半是戰戰兢兢，提出很多問題。譬如只是血壓、脈搏、血氧、呼吸、體溫的變化，就會傳訊息來問怎麼會這樣，怎麼辦？有了經驗以後，我會事先告訴家屬：「病人要慢慢關機了，各項器官功能都在慢慢停止運作，所以不論病人發生什麼事情，你們都不用慌張，只要接納就好。長輩在教你們一堂死亡課，不論他／她示現什麼，那就是他／她要教你的。」這幾句話，就可以讓家屬比較安心。當然，常見的現象以及處理方式，我會事先講清楚。

臨終的照護最主要的就是讓病人舒適，以及好好的陪伴。我們以自己的需求來想像，如何讓病人身體保持清潔，如梳頭、洗臉、洗澡等等。有位老先生每週有長照團隊來幫忙沐浴，總是全身放鬆、露出滿足的笑容，家人對團隊感激不已。病人動彈不得，需要幫忙做簡單的肢體活動、變換姿勢，以免長期處於相同姿勢而疼痛，甚至有壓瘡。精油按摩也是安寧團隊常常教家屬的舒壓方式，家屬有很好的回饋。

前述失智阿公以及嚴重腦中風阿嬤的子女決定讓父母同時進行斷食，安寧團隊接案後就成立了 Line 群組，包括主要家屬、團隊成員，我也加入。任何人有疑問，隨時都可以提出，通常很快就有團隊成員回覆。醫師和護理師也定期訪視。家屬經常分享病人的狀況，甚至傳來照片或者錄影。護理師每天從早安開始，關心病人的發展。我則默默的追蹤觀察。健保只給付每次的訪視，這些團隊真是佛心來著。

斷食過程中，阿公從頭到尾安安靜靜，沒有什麼不舒服，也沒有要過食物，逐漸虛弱，睡眠時間逐漸延長，漸進斷食第二十四天半夜在睡眠中安詳往生。

阿嬤狀況比較多，調整藥物改善她的睡眠。曾經喃喃自語說個不停，我猜想她也許在與靈界溝通，或者在表達心中感受，建議給她聽音樂安撫情緒。媳婦放佛樂給她聽，阿嬤竟然字字分明的跟著唱「南無觀世音菩薩」，感覺她已經準備好要跟著菩薩走了。

有次阿嬤躁動不安，女兒在她耳邊輕輕唱著：「高山清，澗水藍，阿里山的姑娘美如水呀……」她睜大的雙眼竟然慢慢闔起來，平靜的睡著了。另一次的錄影傳來阿嬤咬字清晰自己唱了整首《兩隻老虎》，令人莞爾。孫子餵阿嬤吃飯，放在阿嬤耳邊的手機傳來曾孫唱著阿祖最愛聽的歌曲，這些也是讓人感動的永恆畫面。

這麼多子孫圍繞身邊，唱歌、聊天、按摩、擁抱、親吻，這些陪伴多麼溫馨，充滿了愛。大家對死亡沒有恐懼，人生最後一哩路，家人團結一心陪伴兩老。阿嬤經歷了高血壓的迴光返照期、低血壓、血氧測不到、皮膚有紫斑、解黑便，在阿公往生後兩天，阿嬤追隨阿公到天上去作神仙了。家人心懷感恩，歡喜送別，一切圓滿。

斷食期間有幾位孫輩從馬來西亞、美國、澳洲回來陪伴幾天。本來預期會帶著悲傷、難過、沉重的心情離開，沒有想到住在阿公、阿嬤家幾天，服務阿公、阿嬤，看著自己的長輩這麼團結一致。在充滿了愛的氣氛下照顧老人家，他們也得以學習面對死亡的課題，發現臨終的過程可以這樣溫暖，帶給他們滿滿的歡喜，對死亡有了完全不同的看法。

斷食只是過程善終才是目標，善終最重要的就是家人的陪伴。他們做到了。居中協調讓手足得到共識的這位女兒在父母往生後這樣說：

斷食善終有一個很重要的意義，就是在長輩都還有覺知之時，經由家人的陪伴，海外子孫的返回家園，爸媽聽到熟悉的聲音，親人的話語，抱抱身體的接觸與按摩服務……往生之前家人陸續出現，有機會道愛、道謝、道歉、道別、道善。

這一路走來，現在大家心情除了不捨之外，都很平靜，很穩定，而且每天用感恩的心情在講這件事情，這是生命裡面非常重要的一段。

面對死亡我覺得大家都改變了，變得更豁達、溫暖、更會關心別人，這也是我們家人的一大收穫！

向顏阿公、顏阿嬤致敬。他們的善終始於健康時給了子女明白的指示：當生命沒有了品質和尊嚴，不要臥床受苦。向顏家子孫致敬。雖然他們不捨長輩的離去，但是尊重長輩的意願，給予長輩充滿愛的陪伴，讓他們不再受苦。這是真愛，是真孝順。

斷食善終這兩到四個星期的歷程，對於往生者和親人而言都深具意義。這段時間長短適中，讓往生者感受到尊嚴與愛，讓親人在數星期的陪伴與道別儀式中，與往生者產生更深的連結，足以克服喪親的悲傷，轉化成深深地祝福與歡喜。生死兩相安！

四、靈性照顧

在早期還沒有居家安寧團隊幫忙，我一個人獨自陪伴斷食往生的案例中，有幾件與靈性有關的事件讓我印象深刻，後來就買了幾本相關書籍來參考，大有獲益。

臨終病人因為身體虛弱有可能陰陽兩界的訊息都接收得到，若是病人對著空中比手畫腳、說話，請家屬不要慌張，不要誤以為是病人幻覺或者譫妄。可以仔細聆聽、理解、接納，這樣病人會因為被同理而感到安心。有位意識清楚的八十四歲老太太臨終前幾次告訴女兒們：「爸爸回來吃飯了，趕快去開門！」女兒們乖巧的配合去開門，母女和樂融融。還可以趁機告訴媽媽：「爸爸來接你一起去天上當神仙、過好日子了。」她也曾經說：「阿姨來看我了，你們要包紅包給阿姨喔！」我去探視時，看見她面前的几子上還擺著一個紅包呢！若是反駁她，或是完全不理會，她一定會感到孤獨、難過甚至恐懼。同理、接納則可以讓他們安心。

不要以為失智、昏迷、無法語言溝通的病人什麼都不知道，其實他們的靈魂還在（又稱無意識覺知），好好跟他們解釋很重要。為什麼要斷食要解釋清楚，要幫他做什麼護理，也要告訴他。道謝、道愛、道別，都要好好說。他們的靈魂對一切了然，放下了，沒有牽掛了，就會更好走。

有一位嚴重腦中風無表達能力的老太太，斷水已經第十一天還沒有走。我問家屬是不是有哪位她想見的人還沒見到，或者有什麼東西要給子孫還沒有交代，請他們想想看。他們想起有位同母異父的哥哥，多年未聯絡，沒有通知他母親斷食就要往生的消息。他們請哥哥與母親通電話，他告訴媽媽：「三個兒女都已成家，生了四個孫子，也都買房了。」老太太精神抖擻，聽得眉開眼笑，幾個小時之後安詳走了。我聽到媳婦形容彌留狀態的婆婆聽得「眉開眼笑」，當然相信她是有覺知的。

在疫情期間，有位老太太因為嚴重腦中風無意識、插管臥床三年，從安養中心轉往護理之家進行斷食安寧。疫情緣故，家人無法經常來探視。我因為電視台採訪，花了一個多小時與她溝通，利用言語、肢體的接觸，還有我的真誠感情，這些都具有某種能量吧！我深信無意識的她都能感應。我對她說：

蘇媽媽，我是畢醫師，我來看你了。你女兒是我的朋友。你的兒子、媳婦和女兒們很孝順。他們不忍心你躺在這裡受苦，希望你可以早點去天上作神仙。

天上是很好的地方，那裡有菩薩、仙女，那裡很漂亮，到處種滿了花。住在那裡的人都沒病沒痛、自由自在，想吃什麼就有什麼，想去哪裡就去哪裡，你在那邊的親人會來接你。你女兒每天都有為你誦經，請菩薩來接你過去。我聽你媳婦說，你不但對子女好，對她也像自己的女兒一樣疼愛，她得到你的照顧比親生媽媽還多。你的子孫都很平安健康，會互相照顧，你不用擔心。他們這幾天會常來看你。你若是看到白光，看到佛祖來，你要跟著去，就不必再困在這張床上了。記得唸阿彌陀佛，跟著白光和菩薩走，不要怕，你會去一個好地方的。

錄影的過程，護理主任都在一旁觀看。三個小時以後，蘇媽媽安詳的走了。護理主任告訴我這個消息的時候，覺得蘇媽媽聽懂我的開導，放心走了。這種因果很難證明，但是每次我這樣跟無意識的病人溝通時，確實感受到他們是理解、接納的。有位女兒描述她母親聽了我的話，靈魂得到昇華了。我不過是個外人，若是親人也是這樣跟他們的長輩溝通，一定更有效果。

又有一次我與一位失智臥床的老先生這樣溝通，雖然他閉著雙眼，我發現他好像想講話，因為他的舌頭有動作。我請他等我講完整句話後，動動舌頭表示聽得懂，他真的可以在適當時機動幾下舌頭回應，而且來回幾次正確回應，兒女當場激動落淚了。用這個方式，相信他們可以更容易和父親溝通。這時候，陪父親回顧人生，讓他回想人生快樂的時光，曾經的努力與奉獻，是很有意義的。

一行禪師在《你可以不怕死》（*No Death, No Fear*）[6]書中提到：「如果我們以祥和的心境引導彌留的人，他們還是能聽見我們的話語，提及他們曾擁有的快樂時光，可以幫助這個人自在的往生。」

張明志醫師在《死亡癱瘓一切的知識》[7]書中也提到很多臨終病人的靈性現象，除了見到逝去的家人與他們談話，也常聽到意識清楚的病人向護理人員提到：「有黑衣人（黑無常）來訪。」他們並不害怕，往往不久之後，隔壁床的病人就突然呼吸停止，接著急救小組就趕到現場施行人工復甦術。不只重症末期病人，有些具有陰陽眼的輕症病人甚至護理人員也是看得到的，有人可以看到病人「靈魂出竅」的情景。讓我想到新聞曾經提到有安養中心裡的貓，總是會陪伴在即將往生之人身邊，也許牠們也能看得到我們一般人所不能見的吧！

張醫師提醒醫療專業人員不要把臨終病人的這些靈性現象視為幻覺或者譫妄而

草率的施與精神科藥物，這樣並無法幫助病人。唯有照顧者細心的傾聽、揣摩，才能與病人連結，進而給予溫暖的陪伴與慰藉。

《生命的最後一刻，如何能走得安然》[8] 作者瑪格麗特．萊斯在「臨終的心靈歷程」這個章節，對於靈性現象有以下的陳述。

夢境與臨終視見：當人們接近生命終點，夢境與現實、過去和現在常會混在一起。可能臨終者會看到某些朋友或親人，或是想聊聊他們的近況，但是他們早就過世了。如果遇到這種情形，不妨試著傾聽並配合。你是否相信死後世界不太重要，重要的是臨終者的需求。臨終者對那些過世親友的親近感，將會幫助他較放鬆的往前進，也有助於驅散他們的恐懼。

無意識覺知：無反應並不等同於無覺知。陷入無反應狀態的臨終病人，可能存在者某種程度的覺知。所以在過世前一直等待那個對他有特殊意義的人從很遠的地方趕來，直到特定的那個人到場，病人才過世。彷彿那個人給予陷入昏迷的臨終者放手的許可。

孤獨離世：但也有將近一半的人會等到獨自一人時才過世，例如在家屬都離開病房，或去喝杯茶、買個飲料時斷氣。有家屬相信親人是刻意挑那個時刻走的，好讓他不用承受眼看他去世的痛苦。（註：有家屬曾說她不敢離開病人一步，怕親人離開時她不在身邊而遺憾，我告訴她這個現象，強調不必因為沒有陪伴到最後一刻而自責。確實有很多人會因為沒有見到重要親人最後一面，而痛苦多年。）

人生回顧：無論基於何種傳統，回顧人生的強烈欲望普遍的存在，無論以哪種形式，都建議臨終者去做，以幫助他們面對死亡。這也是一個絕佳的機會，讓病人得以釐清、原諒及進行周全而有意義的道別。有些安養院或照護機構，會將臨終者所做的人生回顧錄音、製作文字和影像的記錄，以作為給家屬的遺贈。（註：有意識者可以舉辦生前告別式，無意識的臨終者其親人在陪伴的過程也可以幫忙進行這樣的人生回顧，讓他們感受到此生的價值和家人的愛。）

有幾位家屬描述臨終病人有迴光返照的現象，但不是每位臨終者都有此現象。

張明志醫師的描述非常傳神：為何會有迴光返照？其實這是人體最後能量的集結與釋放，然後再歸於寂靜。就像燈泡在燒壞之前，會因為電流增強而大亮一樣。

我觀察到迴光返照都發生在病人死亡前幾天血壓代償性增高的時候。當天病人的精神會特別好，本來很少說話或已經口齒不清的，會突然口齒清晰的和家人多說了一些話。家人可以趁此機會把最重要的話再與臨終者述說清楚。之後因為心臟繼續衰退，失去了代償功能，血壓、脈搏都逐漸下降，就更靠近死亡了。

也有很多家屬反映，病人很恐懼死亡，怎麼辦？我覺得對死亡的恐懼，主要源自於對死亡的未知，因為不了解死後的世界是什麼樣子或者想到傳聞中的地獄景象而害怕。如果平常就對死亡產生好奇，可以經由閱讀死亡學或宗教經典對死後世界有些想像或者信念，相信可以減輕對死亡的恐懼。以安定的心向臨終者描述死後的世界是美好的，可以減少他們的不安與惶恐。

至於死後的世界，其實並非完全無法想像。往生家人的託夢，瀕臨死亡者的經驗分享都可以參考。

五、死後的世界

人死後是否有靈魂，靈魂是否永生？這是個大哉問，有人深信不疑，有人鐵齒不信。我在三十幾歲時，有兩次親身經驗，讓我不再是鐵齒的科學腦。我並非完全相信，但覺得也沒有理由不相信。

有位同事說她從小有陰陽眼，只要她想看就可以看到許多靈魂與我們同在一個空間。靈魂並不傷人，她不害怕。但是懂事以後，發現其他人並無此能力，因為不想與其他人不同，她避免去看，慢慢就失去這個能力了。她讀國中時，有一天看見住在老家的阿嬤慈祥的來跟她告別，她不知其意，沒想到幾小時後，就接到阿嬤過世的消息。此事對我的認知有很大的衝擊，到現在還印象深刻。

大約同時期，我的一位學姊因為昏迷路倒，送到台大急診處急救，幸運被救回。身體復原後，她告訴我她有瀕臨死亡的經驗（near death experience, NDE）。她記得很清楚，急救當時她浮在空中，看著下方昏迷的自己，被一群醫護人員急救著。她當時並不害怕，也不痛苦，只是冷靜的看著。她銷假上班後，有同事說她好認真，某天晚上很晚了還在醫院。同事所說的時間，正是她在被急救的時間。表示她的靈魂回去工作的場所，那會不會還回家探視了睡眠中的孩子？因為是朋友的親身經歷，我更加確信，人類所不能理解的事情真是太多了，不用鐵齒。

母親過世後兩週內，我夢到母親三次。夢中母親看起來年輕、行動自如，正專注的和旁邊的兩位女眷聊天。我不知道自己在做夢，很高興媽媽身體健康，後來心中懷疑起來，媽媽不是往生了嗎？我一直努力回想，直到我想起看過媽媽最後安詳躺在棺木中的臉，夢中的我確認母親已經過世，這時我才醒過來，知道方才的經歷是夢。整個歷程有如身臨其境，印象鮮明到如今都還記得。我深信這是母親來託夢，告訴我她現在很好，而且那兩位女眷一定就是外婆和冬山阿姨（外婆早逝，冬山阿姨帶大母親）。我告訴先生這件事，他覺得這是日有所思，夜有所夢。後來又連續夢到兩次一模一樣的場景，而且都跟平常模糊的夢境不同，意象非常鮮明。我寧可相信真的是母親託夢，感到特別心安。

《斷食善終》出版後，我協助斷食往生的第一位病人（七十八歲男性，失智、插管臥床十年），往生後他妹妹夢見「哥哥一身穿得好帥，說他要四處去遊玩了」。他女兒聽見姑姑這樣說，當場落淚，知道自己做對了。因為父親生病前是計程車司機，最喜歡到處趴趴走，結果被困在床上十年，如今真正的自由自在了。同一天，照顧他八年多已經回去印尼的看護來電說：「夢到阿公穿得好整齊，來到印尼，要我帶他到處去玩耶。」我一聽就完全認同，因為我有類似經驗啊！之後也還有別的家屬跟我說，他們夢到往生的長輩健健康康的。

有次演講提到託夢這件事，一位聽眾分享：他母親過世後兩週，他和妹妹兩人在同一天晚上夢到母親。互相核對以後，發現兩個人的夢境完全相同。有聽說過，並非死亡之人靈魂才會脫離身體，活著的人有時在睡夢中，靈魂也可能離開身體去了別的地方。有沒有可能是兄妹兩人同時去了母親死後的世界，因此兩人所見的畫面完全相同。後來又有聽說母、女兩人夢到剛往生的阿公，夢中劇情、場景完全相同的事情。

如果託夢的夢境是真的，那是不是表示靈魂永生也是真的？我生平第一次，特地到書店「靈性」書籍的區域去搜尋這個議題的著作。結果發現市面上有許多瀕死經驗者或靈媒寫的書籍，談論瀕死經驗以及死後的世界。以下分享四本醫師寫的書，畢竟醫師受過有關生命的嚴格科學訓練，有很高的機率具有難以撼動的科學腦。醫師來敘述他所相信的超自然現象，也許更有說服力。

穆迪（Raymond A Moody）是心理學及醫學博士，擔任精神科醫師。他在一九七五年出版了《死後的世界》（*Life After Life*）[9]，蒐集、歸納與分析一百五十個瀕死經驗案例，此書成為這個領域的經典著作。瀕死經驗每個人都不同，但是也有類似或共通之處，他歸納出如下的模型：

一個人大限將至，身體痛苦到了極點，並聽到醫師宣告他的死亡。他開始聽到很不舒服的聲音，刺耳的鈴聲或嗡嗡聲，同時覺得自己飛快穿過一條很長的黑暗隧道。接著他脫離了自己的身體，但是仍然在身體四周的環境，在遠處看著自己的身體，彷彿他是個觀眾。他從這個不尋常的有利角度觀看醫師試著救活他，心情一團混亂。

一會兒以後，他回過神來，開始習慣他的怪誕處境。接著他遇到其他人來幫忙他，他看到死去的親戚和朋友的靈魂，一種他前所未見的慈愛而溫暖的靈體臨到他眼前，一種光的存有者。這個存有者問他一個問題，但不是藉著語言。祂要他評斷自己的一生，以一連串的影像重演一生中的大事。不知不覺的，他來到一個邊境，顯然代表人間生命和來世之間的一條界線。然而，他驀然地覺得自己必須回到人間，知道他的死期未到。不過他心生抗拒，因為他對於死後世界的經驗與味盎然，不想就此回到人間。歡喜、愛和平安的感覺讓他不能自己。但是無論他的態度如何，他還是和他的身體合而為一，活了過來。

後來他試著告訴別人這樣的體驗，卻不知從何說起。首先，他找不到合適的人類語言去形容那些超自然的場景。他也發現別人在嘲笑他，於是他絕口不提。然而，那經驗對他的生活影響甚巨，尤其是他對死亡及其和生命之關係的想法。

此書的出版有重大意義，首先那些有瀕死經驗的人看了大感欣慰，因為這種經歷自己也不明究竟，講出來被斥為無稽之談，甚至被當成瘋子，只能藏在心裡。如今得到科學家的認證，瀕死現象雖然仍被視為超自然，但是已經可以公開討論。發現瀕死現象比原來所認知的還要普遍，就有更多的科學家投入研究。

穆迪醫師提到，他雖無法以此證明死後世界的存在，但是相信死亡不只是生命的熄滅，而是一個靈性充滿活力的時刻，可以減少人們對死亡的恐懼，也降低遺族的喪親之痛。瀕死經驗者所描述的「不可名狀的光、寧靜、平安、溫暖與慈愛」的氛圍，讓他們歡喜的不想離開，這帶給相信者很大的安慰與期待。事實上，瀕死又復活的許多人，從此成為一個擁有更大慈悲與愛的人，也生活在更盈滿的幸福之中。

《死亡之後：一個長達五十年的瀕死經驗科學臨床研究》（*After: A Doctor Explores What Near-Death Experiences Reveal About Life and Beyond*）[10]則是穆迪醫師的精神科同事布魯斯・葛瑞森（Bruce Greyson）醫師歷經五十年的研究，採訪了數千名有瀕死經驗者所出版的這個領域最新的一本書。他覺得超自然的現象與科學並不違背，瀕死經驗是一種靈性的禮物，也是一種生理現象。他從數十年的研究中學到以下課題：

1. 瀕死經驗很普遍，會發生在任何人身上。
2. 瀕死經驗是特殊情況下的正常經驗。
3. 瀕死經驗通常會帶來許多深刻且長期的後續影響。
4. 瀕死經驗降低了人們對死亡的恐懼。
5. 瀕死經驗讓人更充實的活在當下。
6. 瀕死經驗讓我們重新思考心智和大腦的關係。
7. 瀕死經驗讓我們重新思考死後意識延續的可能。

《人，不會死：知道有靈魂的存在，你會活得不一樣嗎？》11 此書作者矢作直樹是日本東京大學的急診醫學教授，他在本書開頭坦言自己是因為數理不強，又欠缺文科的稟賦，自覺資質平庸，想找個有「執照」的安穩工作，順理成章的成了醫師。頭幾年因為找不到工作，做過各種科別的醫師。為了想當高山症醫學專家，一個人爬過許多大山，發生過兩次九死一生的墜崖事件，聽到山神叫他「不要再回來——」，他才忽然驚醒，從此不再做這種高度危險的極限獨攀。這是他最早的超自然體驗。

書中敘述了他在醫院裡面遇見的各種靈異事件。最讓我印象深刻的是他的親身經驗，讓他相信了靈魂永生，人不會死，衰亡的只是肉體。

他母親在先生過世後獨居，有天意外死在浴缸裡。不巧住在母親附近的弟弟有一天忘記打電話問候，慢一天才被發現。經解剖得知可能的死亡時間以及死亡原因是心臟病發作。一位有通靈能力但不是以此為業的朋友告知他，他母親急切要找他。矢作醫師並不排斥，接受了邀約。他問母親是什麼時候、發生什麼事死亡的？母親的回答與醫學判斷完全符合。母親所以一直要找他，是因為知道他為了沒有接母親同住卻發生意外，心裡很自責，所以表達了她的感謝和關心，消除了矢作醫師的遺憾和愧疚。兩人對談中許多家裡事情的細節是通靈人士不可能知道的，但是她說的完全正確，而且通靈人士的語氣、神態都與母親一模一樣，要他不相信也難。

有趣的是他問：「你見到老爸了嗎？」他母親回答：「我不會見你老爸的。」但是她見到了她的父母、手足。我讀到這裡，哈哈大笑，看來我母親不想再見到我父親的願望是可以實現的。接著又有點不忍，我父親不知自己親生父母是誰，假如我們又都不願意見他，他不是太可憐了。後來想到，妹妹很孝順他，一定會相見。又想一想，我也不是絕不能見他，見到了可以問問他，他晚年看那麼多死亡學有關的書籍，都有什麼心得啊？

在《人，不會死》這本書的最後，作者強調：

就肉身而言，人會死；就靈魂層面來說，人不會死。

或許因為人生短暫，我們才會如此執著於眼前的一切，為所愛之人悲傷，害怕失落和死亡。

然而事實告訴我們生命永恆不滅，彼岸光明如炬，抱持這樣的信念，可以幫助你勇於面對失去所愛，坦然面對肉體的死亡，不再恐懼。

《天堂際遇：一位哈佛神經外科醫師與生命和解的奇蹟之旅》（*Proof of Heaven: A Neurosurgeon's Journey into the Afterlife*）[12] 作者伊本・亞歷山大醫師（Eben Alexander, M.D.）在五十四歲的時候突發嚴重癲癇，接著昏迷七天，然後醒來，完全復原。這本書將這七天當中他的靈魂體驗與現實世界發生的事情交替呈現，有如偵探小說一般扣人心弦。他的瀕死經驗有許多過程與多數人有相似之處。特別的是他在「那邊」的時候，一直有一位他不認識的女孩，像天使一般慈愛溫暖的帶領、陪伴著他。雖然不認識，他熟記了她的面貌。另一方面他很疑惑，為何不是他死去的養父來帶領他？

亞歷山大醫師由一對很疼愛他的養父母扶養長大，給他很好的生活和教養。但是他一直想見親生父母而不可得。在他昏迷醒來以後，終於見到了親生父母。親生母親告訴他，她有多愛他，給了他不少安慰。隔幾個月後他收到親生大妹寄來一張照片，照片裡的女孩正是他在「那邊」時如蝴蝶般一直引領著他的那個天使，這是他死去多年未曾謀面的小妹。這張照片解開了為何養父沒有來引領他的心結，也終於理解自己一直是被愛的，不是被「拋棄」的。經歷這個事件，他本來堅持不信瀕死經驗的科學腦有了天翻地覆的改變，他相信靈魂永生，相信天堂的存在，相信愛。

在協助無意識、長期臥床者斷食往生的過程中，我深深體會到親屬與臨終病人的親密互動中，病人的靈魂是可以感受到的，因為我們是用百分之百的真誠與他們互動。那是一種能量的交流，雖然沒有語言回應，我們知道臨終者體會了，也安然接納了。

我相信物質不滅，也相信能量不滅。我們的血肉之軀來自父母的精血和地球長期的滋養，那包括陽光、空氣、水，動物、植物、礦物，和所有提供我們食衣住行育樂需求的認識與不認識的人。當我們的軀體毀壞不堪使用時，自然死亡，回歸大地，滋養地球。擁有我們肉體的那個「我」，是不滅的能量，會繼續下一段旅程。在前世、今生我們所遇見的許多靈魂，將來有緣就會再相見。只是希望這一世的修行，可以多點領悟，若有來世，可以更加精進，廣結善緣。

一、放手的抉擇

註1—《二十一世紀生死課》，海德．沃瑞棋著，朱怡康譯，行路出版，二〇一八。

二、何處臨終

註2—《大往生：最先進的醫療技術無法帶給你最幸福的生命終點》，中村仁一著，蕭雲菁譯，三采文化，二〇一三。

註3—*Voluntarily Stopping Eating and Drinking: A Compassionate, Widely Available Option for Hastening Death*（暫譯《自主斷食》），Edited by: Timothy E. Quill, Paul T. Menzel, Thaddeus Pope, and Judith K. Schwarz，麥田出版，二〇二四。

註4—《一個人的臨終：人生到了最後，都是一個人。做好準備，有尊嚴、安詳地走完最後一段路》，上野千鶴子著，賴庭筠譯，時報出版，二〇一七。

三、臨終照護

註5—《生命的最後一刻，如何能走得安然》，瑪格麗特．萊斯著，朱耘、陸蕙貽譯，四塊玉文創，二〇二二。

四、靈性照顧

註6—《你可以不怕死》（*No Death, No Fear*），一行禪師著，胡因夢譯，橡樹林文化，二

〇〇三。

註7—《死亡癱瘓一切的知識：臨終前的靈性照護》，張明志，寶瓶文化，二〇二一。

註8—《生命的最後一刻，如何能走得安然》，瑪格麗特．萊斯著，朱耘、陸蕙貽譯，四塊玉文創，二〇二一。

五、死後的世界

註9—《死後的世界》（*Life After Life*），雷蒙．穆迪（Raymond A. Moody）著，林宏濤譯，商周出版，二〇一二。

註10—《死亡之後：一個長達五十年的瀕死經驗科學臨床研究》（*After: A Doctor Explores What Near-Death Experiences Reveal About Life and Beyond*），布魯斯．葛瑞森（Bruce Greyson）著，蔡宗翰譯，如果出版社，二〇二一。

註11—《人，不會死：知道有靈魂的存在，你會活得不一樣嗎？》，矢作直樹著，桑田德譯，地平線文化，二〇一五。

註12—《天堂際遇：一位哈佛神經外科醫師與生命和解的奇蹟之旅》（*Proof of Heaven: A Neurosurgeon's Journey into the Afterlife*），伊本．亞歷山大（Eben Alexander）著，張瓅文譯，究竟出版社，二〇一三。

第四章

病人、家屬、醫師的三角習題

一、病人的迷思

忌諱談死亡是人類的通病，只是華人社會特別嚴重。從小就生活在不可隨意講「死亡」這兩個字，甚至連「四」、「鐘」都要避免的社會禁忌中。遇到葬禮，大人會說不要看，要快速通過。在這樣的文化中長大，人們視死亡為不吉利、恐怖的、痛苦的、殘酷的，避之唯恐不及。這些負面的強烈情緒，使人們無法以理性及感性去面對終究會來臨的死亡。

死亡本身未必痛苦，「怕死」才是真正痛苦的來源。

現代社會生活步調緊湊，人人忙著工作、忙著學習、忙著玩樂，像陀螺一樣轉個不停，無暇思考死亡。以為日子會一直這樣過下去，不會想到自己的死亡，甚至沒有想過年邁的雙親也總有一天要面臨死亡。嚴格來說，我曾經也是其中一員。二〇〇一年母親小腦萎縮症發病，給我一記當頭棒喝，發現死亡是遲早要面對的議題。那年我四十六歲。

二〇〇二年我讀到旅德華人攝影師王小慧所著《我的視覺日記》[1]，她摯愛的未婚夫死於一場車禍，她以冷靜的文字和影像記錄了那深沉但不至於絕望的悲傷，她記住了未婚夫所有的美好。另一件死亡，更深深地觸動了我。一位單戀她的德國演員安斯加得知王小慧與未婚夫即將返回中國，有憂鬱症的他絕望之餘在小慧家中跳樓自盡，她深深感到愧疚。沒想到安斯加的家人熱誠邀約她參加葬禮，有華人朋友擔心她受到傷害而勸她不要去。事實上，安斯加的家人把她視為安斯加的知己好友般尊重、禮遇，一起談論安斯加的總總過往，閱讀安斯加寫給她的詩和畫。我覺得安斯加的家人反過來療癒了王小慧的殤逝之痛與內疚。假如是華人世界，也許家屬免不了怨恨與咒罵，這對逝者和活著的人只有傷害，而受苦最深的正是那帶著怨恨的人。

主持葬禮的神父說：「他自由了，我們還受到禁錮；他在陽光中，我們在陰影裡；他在天堂，我們在塵世……。他卸下了這一世的勞苦重擔，回到主的懷抱安息！」一位意外早夭的青年走了，他們竟然用這麼豁達的心態來看待死亡。

一般人難逃「怕死」的迷思，害怕死亡，當無常來臨時，反而無法冷靜抉擇，讓餘生發揮最大的意義。不顧一切對抗死亡的結果，極可能身心傷痕累累，無法延命還要忍受醫療死的酷刑。有些病人面臨命終，仍不願意提起「死亡」兩個字，家人也不敢說出口，結果大家無法道愛、道別，沒有交代後事如何處理，家人還要翻箱倒櫃尋找遺產的相關證件。聽起來不可思議，卻是醫療現場的真實故事。

有充分準備的死亡，可以是美好、幸福的。有死亡的覺知，可以改變人的一生。

研究死亡學的心理學泰斗威蘇森博士在《死的藝術：坦然面對死亡》（*The Art of Death*）[2]書中提到，如果有死亡的覺知，對死亡有準備，對人生有很多好處。

1. 意識到死，死的想法會變鈍，讓「害怕變小」。
2. 由於剩下的時間已經不多，所以在日常的小事件中也會感受到快樂，好好利用每一分鐘。

3. 「必須做」、「應該做」之類的事情會減少，而會變得更常去做「真正想做的事情」。
4. 對朋友和家人會更加感到親密，珍惜相處的時光。
5. 預感到死，會想起要讓人生具有某種意義。
6. 感到後悔的事情會減少。
7. 由於不怎麼會後悔，創造更具意義的人生，做想做的事情，和親友交往親密，所以就會更清楚的認識自己。
8. 會排定日常生活的優先順序，比如會挪出打掃屋子的時間用到自己的興趣。
9. 內心的平靜會更為增加。
10. 更容易原諒別人，也會原諒自己。
11. 比以前更能夠扶持、支援臨死的人。
12. 現在就會想去學習、去進步，而不是留待將來再做。
13. 簽署預立醫囑，選擇是否要接受最大可能的延命治療。立下遺囑。
14. 隨著死亡接近，會想訴說自己的事情，以及自己度過了怎樣的人生。
15. 對自己的形象，有所期許，使人生變得更加充實。

有死亡的覺知，可以讓人活得更有意義，也更有理性去面對死亡，可以好好珍惜剩餘時光完成遺願，與親友做最深的情感連結，好好道愛與道別。

目前我協助斷食往生的無意識臥床病人，多半平常在家中經常討論死亡議題，曾經交代晚輩將來不願意像某位家人或親友那樣長期臥病在床。因為受長輩影響，這些家屬比較有善終的觀念，就懂得何時該放手。長輩既然曾經交代，他們覺得應該盡量完成對長輩的承諾，而更加積極尋求善終的資源。

二、家屬的迷思

一位從小讓阿嬤帶大的孫女向我求援。八十七歲的阿嬤二〇二二年中開始快速退化，行動越來越不方便，大小便失禁，記憶力衰退，需要人照顧的時間越來越長。本來都由她一人照顧，因為她要上班，改由同住在一棟透天厝的三個兒女家人輪流照顧。十月時，阿嬤不吃不喝，家人餵不來，把阿嬤送到安養中心。安養中心說阿嬤拒吃的意志力很強，所以插了鼻胃管，阿嬤兩手被套了大手套。

阿嬤在安養中心每天灌五罐配方奶，反覆尿路感染又合併肺炎，經常住院。她看阿嬤又生氣又受苦，感到不忍心，詢問我斷食往生的方法。

我問她：「家人是否有共識？」

她說：「當初我建議不要插鼻胃管，但是大伯覺得這樣會餓死阿嬤，所以堅持要插。我回去跟他說說看，他最近去看阿嬤，說阿嬤都不理人了。」

我說：「阿嬤自主不吃不喝，其實是生命末期，不想吃、不想喝，並沒有飢餓的感覺。吃東西吸收不了，反而很痛苦。她已經準備要去天上作神仙了，結果你們用一條鼻胃管把她拖進了人間地獄。趕快帶阿嬤回家，拔掉鼻胃管，還是可以餵阿嬤，她吃多少算多少，不強迫她吃。她最了解自己的身體，自有選擇。你們好好陪伴她最後一哩路，算是補償之前的過錯。」

「還有，請馬上轉告安養中心，每天只要餵三罐。五罐太多了，她一定在心理嘀咕太撐了！是我們聽不懂。」

阿嬤有兩個兒子一個女兒，老二和小女兒贊成，老大不贊成。我囑孫女，讓兩位贊成的長輩與大伯溝通。來來回回討論了一個星期，最後的答案是大伯說讓母親餓死「不人道」。我的直覺是老母親吃不下，用鼻胃管強灌才是「不人道」吧！要是這位大伯三餐都只吃得下一碗的量，我們硬灌他每天五次、每次兩碗，他一定覺得這是非人的待遇。

再者讓八十七歲的老母親躺在安養院裡，每天困在一張床上，只能望著天花板，吃喝拉撒睡都在一張床上，任人擺布，豪無尊嚴，黑暗的盡頭不知道在哪裡，這樣就「人道」了嗎？我很想反問這位大伯：「要不要試試看，像這樣插管躺在安養中心，看看能夠忍受幾天？還是幾個小時？」

為什麼他覺得拔掉鼻胃管「不人道」，因為母親不吃的話會「餓死」。所以他心目中最逆天、不人道的事情是「死亡」這件事。母親八十七歲，嚴重退化、生活不能自理了，這位已經領到老人卡的兒子認為讓母親死亡是不人道的事情。跟他解釋：老人家不想吃不想喝是自然死亡，不是餓死，但是他聽不進去，無法放手。

他被「不吃會餓死」這個根深柢固的框架緊緊綑綁，見樹不見林，失去了理性判斷的能力，看不到其他更重要的事情。

母親的生死大權竟然掌握在這個大兒子手裡，由此可見家人以平常心經常討論生死大事有多麼重要。當然，理解人們衰老會不吃不喝自然死亡的這個「常識」，也非常重要。

有一位姊姊想要幫臥床三年的重度失智老母親斷食善終，但是沒在照顧的妹妹反對。反對的理由是媽媽的「器官功能還很好」，時間還沒有到。我不了解這個想法背後的邏輯是什麼？也許是器官還很好，還能活很久。我告訴姊姊：人體最重要的器官當推大腦，令堂無法言語，無法傳達思想，無法感受人生的價值和幸福，大腦功能早已衰竭。第二重要的器官是肢體，要活就要能動，如今四肢癱瘓，哪兒都去不了，什麼事都做不了。最重要的兩個器官都衰竭了，不是活著受罪嗎？但是，我還是勸姊姊，事緩則圓，給妹妹多點時間思考和沉澱。

如果對嚴重退化的老人都無法放手，可以想像更年輕，意外或疾病突然來臨的時候，家人毫無心理準備，就更難放手了。

台中全程安寧居家護理所程子芸護理師，曾經在臉書分享一個故事：

那時我還在醫院當護理長，有一天忽然有位阿嬤跑到護理站櫃台前，氣勢洶洶的拍桌子，「我要簽那個什麼放棄急救的單子，你給我拿來！」我不明所以，不過為了安撫對方的情緒，當然是趕快拿出來給她。她用力簽完名字，然後氣呼呼的走回病房！

我問護理師們發生什麼事了？她們說：阿長！她這樣很多次了，每次她搬不動她兒子，就會拉紅燈叫我們去，問題是我們沒空啊！她就生氣在那邊罵罵咧咧的，說護士都不負責任沒愛心什麼的……

回溯從頭，原來七、八年前她的兒子出意外，送到急診時醫師評估即使開刀救回，也是植物人，勸家屬放棄。阿嬤只有這個兒子，兒子已離婚，有兩個小孩仍在讀國高中，做不了主。阿嬤不能忍受失去獨子，堅持要救，而且大聲說：「我來照顧，不管他變成怎樣都會照顧他。」

於是就變成七十二歲的媽媽照顧四十六歲的植物人兒子。七、八年下來，多次進出醫院，他們僅有的積蓄也花得差不多了，兩個小孩為了讀書都忙著打工掙自己的生活費，於是阿嬤永遠只有一個人照顧病人，她漸漸年邁奔著八十歲上去，兒子仍是植物人。

她經常必須拜託醫師用一些小理由收他住院，因為住院有健保付飲食費用，而且住院多少有護理人員、隔床家屬或看護來幫她搬動病人，但也經常被拒絕。這一次就是她被大夜班護士拒絕然後大怒！

我沉默不知該說什麼，醫院的護理人員永遠不足，夜班只有兩人，每個人平均照顧人數是二十人，光忙常規工作與應付突發狀況就很忙了，我無法要求她們每隔幾小時去幫忙翻身、換尿布這些床邊照顧工作。

阿嬤後悔了，為了當年情緒性做的錯誤決定，她獨力照顧病人七、八年，實在撐不下去了。但她現在來簽放棄急救同意書有用嗎？當然沒用，因為只要繼續灌食，植物人兒子就會一直活著，一定會活得比她還久！

什麼自主權、倫理道德考量、宗教信念那都是吃飽之後的上層建築，對於吃不飽的人來說那些是天方夜譚。人都會犯錯，但阿嬤犯的錯是無法後悔無法解套的嗎？

這樣的悲慘故事在台灣不勝枚舉。專業又有良知的醫師才會跟家屬說明開刀沒有效果，否則醫師開越多刀，收入越多，不是更好嗎？為什麼要花這麼多心力勸解家屬，卻完全不會有任何收入。這種情況家屬一定要相信醫師。事後來看，因為怕失去家人的恐懼與悲傷情緒遮蔽了理性，無法接納專家的建議。

只是，我多麼希望，當家屬認清當初做了錯誤決定而後悔時，醫界可以依據病人無法復原的現實，以病人的最大利益為考量，為病人撤管，解除病人和家屬無盡的痛苦。

害怕失去親人以外，另一個迷思是民眾誤以為「醫學萬能」、「醫師是神」。民眾在遇見無常來臨時，有如溺水之人慌亂的抓住脆弱的海草，病急亂投醫。殊不知醫學有其極限，不是做的越多，存活機會就越大。我剛考上醫學系時，弟弟調侃我：「醫師是賣水的，會好的病自己會好，不會好的病如何醫治都不會好。」我行醫多年以後，越來越同感這句話說對了一大半。除了少數疾病醫療可以根治，大部分的疾病，醫師只是從旁協助而已，自己的健康自己救才是真理。

人天生有自癒力，許多疾病在適當休養以及改變不良生活作息以後，可以得到相當不錯的復原，即使是癌症，都有許多人只是調整睡眠、飲食、壓力，大量的規律運動就痊癒了，甚至身體比以往更健康。相對的，許多時候，過度的醫療，反而破壞了人體的自癒力、抵抗力、免疫力，加速疾病的惡化，降低生活品質又折壽。多充實保健知識，可以建立對醫療理性的期待，而非盲目的追求。

三、醫師的迷思與枷鎖

台灣的醫院病房護理站一定會放著幾包「綠色乖乖」，希望病人都「乖乖」，不要出狀況，更別出現「九九九」（急救代號）。因為大家都害怕病人死亡。有病人死亡，負責的醫師就要提心吊膽一陣子，不知道家屬會不會來告。

我在復健醫院工作多年，復健科相對比較少發生急救、死亡事件。記得有一次腦中風住院復健的老婦人二度中風急救無效死亡，主治醫師擔心家屬提告，成為壓垮她的最後一根稻草，沒多久辭職去不需要照顧住院病人的診所工作了。

醫師的教育本來就著重於如何治療疾病以及拯救生命，極少教導死亡以及放手的藝術。加上臨床上病人死亡只要是「出乎家屬的意料之外」，就有被告的可能，而台灣的司法人員總是傾向同情病人是弱勢，即使醫師沒有醫療疏失，也會判決醫師要賠償。事後諸葛判定有疏失，更是重刑伺候，而且一定會登上報紙版面。有不少醫師因此非常氣餒而提早退休、轉行或者移民到國外去了。

在這種先天不良、後天失調的狀況下，醫師怕病人死在自己的管轄之下，不論病人情況多糟，總是極力搶救。再遇到心慌意亂、不願放手的家屬，要求醫師「一定要救到底」，結果無效醫療比比皆是。在健保優惠的給付制度之下，插管臥床的人口就快速上升。

全民健保實施至今近三十年，曾經照顧長期臥床病人的家庭應該超過百萬個。如果每個家庭有十個人，那麼有此經歷的人口已經超過千萬人了。以我公公和他弟弟兩人都是臥床十二年才離世為例，至少教導了數十個家人，將來不要如此臥床受苦。加上也有不少醫師著書立說、演講宣導「無效醫療」之害，讓越來越多民眾建立起拒絕急救、尋求善終的意識了。這也可以解釋何以拙作《斷食善終》這本冷門的書籍，出版後得到社會很大的迴響，因為許多家庭曾經照顧過長期臥床的病人而能產生共鳴，目前正在承受龐大長照壓力的家庭有更深的感觸。有許多讀者，甚至因為同事或鄰居家中有這種長照壓力，深感同情，而介紹他們看這本書。

可惜的是，許多醫師還是被「怕病人死亡」、「怕被告」的框架所綑綁，無效醫療還是持續進行，家屬集體請求醫師幫助無意識插管臥床家人撤管時，仍然頻頻遭到拒絕。雖然安寧緩和條例有相關規定，幫忙撤管其實於法有據，然而撤除人工餵食管或者呼吸器，直接會導致病人短期內死亡，醫師們好像有個跨不過去的坎。

他們覺得醫師的天職是救人，不能殺人。然而此種狀況，病人是因老衰或重症而死，醫師協助善終並非殺人，其實符合醫學倫理的「行善原則」。

弔詭的是，很多醫師可以接受家屬要求拒絕所有的積極治療，譬如老衰重病者因為肺部或尿路感染住院，醫師接受家屬所提出的不打抗生素、不輸血、不洗腎、不打營養針、停止所有用藥的要求，讓病人因敗血性休克或腎衰竭而死亡。但醫師就是不願意拔除餵食管，甚至持續對一個臨終病人每天灌食六次。末期臨終病人無法吸收食物和水分，有醫師覺得不能餓死病人，無法接受斷食。甚至家屬要求減食，不要餵那麼多，都得不到應允。有些家屬背著醫護偷偷不餵，結果臨終病人痰減少、水腫改善、腹水減少、不再嘔吐，也不會躁動不安而能平靜入睡。家屬知道斷食善終這個觀念，欣慰讓病人最後過了幾天相對舒適的日子。安寧緩和科的醫護，相對比較理解臨終要停止飲食與輸液的觀念。其實，這個與臨終照護有關的基本觀念，應該所有民眾和所有醫療人員都需具備。很慚愧，我也是二〇一三年閱讀了《大往生》才懂得。

民眾從照護現場得到血一般的教訓，相對容易變得清醒，對於善終的追求願望越來越急切。醫護人員假如只是把「疾病」當成工作對象，沒有時間或沒有能力體會「病人和家屬」所受的痛苦，那醫病的認知差距就會越大。

沃瑞棋醫師在《二十一世紀生死課》[3]書中描寫了以下血淋淋的事件。

一九八九年美國的魯迪．納瑞（Rudy Linares）拿著左輪手槍衝進兒童加護病房，大喊：「我不想傷人！我只要我的兒子死！」他十五個月大的兒子因為誤吞氣球變成植物人，幾個月以後，他要求移除兒子的維生設備。醫師原本已經同意，醫院的律師卻要求他們住手，警告此舉可能惹上殺人官司。魯迪向兒子的喉嚨開槍，結束了他的生命，然後流淚抱著兒子遺體，左右搖晃了二十分鐘。在公眾輿論的法庭上，魯迪成了英雄。民調中心接了六千通電話，支持和譴責魯迪的人數是十三比一。陪審團不想追究，魯迪直接獲得釋放。

有位醫師的話精準點出了時代氛圍：「『維持生命』成了『延長死亡』，病人康復不了也死不成，他們成了科技的囚徒。」

一九八三年美國的南希．克魯森（Nancy Cruzan）因為跌落水溝而成為植物人，長住護理之家，南希的父母不忍女兒日益憔悴，於一九八七年請求移除女兒的餵食管。初審法院同意他們的訴求，但密蘇里州最高法院駁回裁定。冗長的訴訟過程中，法院認定人工供給營養和水分屬於醫療行為，與醫療組織和生命倫理機構的普遍立場一致。在一九九〇年，法院認定南希同事的證詞有效（南希曾經表達不願以植物人狀態存活），移除餵食管兩週後，南希終於結束了長達七年的痛苦。

令人欣慰的是，這項判決的效應快速擴散。加州大學舊金山分校的研究顯示，在一九八七和八八年，死於加護病房者只有半數撤除或拒絕維生治療，但到一九九二和九三年，死前撤除維生治療者已達九成。這反映了現代醫療的一項事實：如果醫師堅決不容病人死去，病人的確很難離開人間。

這是三十四年前發生在美國的革命，人們爭取「自然死」的權利，終於改變了醫界的醫療行為。台灣在二〇〇〇年反其道而行，廣設慢性呼吸病房，養護中心也日益增加（百分之七十的住民無意識插管臥床），還一床難求。我們已經慢了人家三十幾年，雖有多位醫師大聲疾呼十幾年了，要到何時，「不要讓病人生不如死的躺在植物園」才能成為台灣醫界普遍的共識？如果醫界自省的力量不夠大，當有越來越多家屬向醫師爭取自然死亡的權利時，醫界的觀念會鬆動的，這有待全體國民的努力。

四、如何提高國人整體「死亡品質」

幾千年來，人類不論帝王將相還是販夫走卒都能無痛苦的在家中親人陪伴下壽終正寢。醫療和經濟發達的二十一世紀，善終反而難求。因為病人、家屬、醫師這個三角關係中，只要有一方堅持不放手，病人就會被無效醫療凌遲而求死不得，短則數週、數月，長則數年、數十年。想要善終，是一個需要提早準備，需要三方面有縝密溝通才能達成的目標，善終不會從天上掉下來。而困住三者的原因，說穿了都是「怕死」兩個字。

善終是給有準備的人。民眾及早簽署「預立醫療決定書」，平常與家人多溝通自己的生死觀，在無常來臨時，可以冷靜做好決定，不接受無效的醫療。慢性病吞嚥困難，不輕易插管，不能吃不能喝是自然死亡的機制。若是插管急救，因病情嚴重無法復原時，家屬要有尋找良醫幫忙撤管的勇氣和毅力，要懂得向外求援。

長期提倡拒絕無效醫療的陳秀丹醫師在她的臉書上呼籲：

勇敢的拒絕鼻胃管插在長期臥床、沒有生活品質的病人身上。

最近有越來越多來自外縣市的朋友來我的門診求救，有高齡的母親想要為中風意識不清的女兒撤除維生醫療，有兄姊為解除妹妹的苦難要求拔鼻胃管，有子女不忍父母反覆肺炎、泌尿道感染入院，希望安寧療護介入，卻得不到所在地的醫療單位支持。……

太多的苦難，同事說，阿丹醫師你一定要在臉書上再次強調：人有善終的權利，有拒絕插鼻胃管的權利，即便以前同意家人被插鼻胃管，現在也可以主張移除鼻胃管。

家屬要勇敢的向醫療人員或養護中心反應，我們不同意家人被插鼻胃管，不要用沒有安寧素養的語詞，如：「不插鼻胃管，你要餓死他喔！」「不插鼻胃管，你逆天喔！」「你不讓我們插鼻胃管，你要他死喔！」這類的話加諸在無助的家屬身上！

法律沒有要求鼻胃管或呼吸器等維生設施一定要用到死。家屬／病人有權利主張善終，不要被不懂人權、不懂安寧的人唬爛而失去善終權！

覺醒吧！用盡方法延長病人的痛苦才是逆天！為防父母自拔鼻胃管而允許他人將父母雙手綑綁，不算孝順，因為「不順從」父母移除鼻胃管的心願！畢竟孝順或不孝順，不是由你或他人來認定，而是站在父母親的角度來認定才是！

陳秀丹醫師在二〇一〇、二〇一四年分別寫了《向殘酷的仁慈說再見：一位加護病房醫師的善終宣言》、《向殘酷的仁慈說再見2：給愛的人沒煩惱，被愛的人沒痛苦！》[4]兩本推廣善終觀念的暢銷書，之後演講數百場，也常上電視節目宣揚善生善終理念。她的理念我非常認同，在網路上聽了不少，我因此以為她的理念已經得到台灣安寧緩和醫療界醫師們普遍的認同，直到這兩年我在陪伴求助者拔除鼻胃管的過程中，才知道要移除鼻胃管的主張經常被各科和安寧緩和專科醫師拒絕。雖然越來越多的民眾有移除鼻胃管自然善終的觀念，但仍有許多醫療單位和養護機構無法配合。陳醫師毫不氣餒，持續的幫助病人，大聲疾呼，令人欽佩。

台灣於二〇一〇、二〇一五兩度在新加坡「連氏基金會」委託「經濟學人智庫」（Economist Intelligence Unit）進行的全球「死亡品質」（Quality of Death）評比中分別名列全球第十四和第六的佳績，高居亞洲第一。

二〇二〇年台灣安寧療護的推手、成功大學醫學院護理學系名譽教授趙可式直指，台灣的善終大國形象，是因為她帶訪視人員看「好的樣板」才撐出來的。過去台灣連續被評為「好死之國」的優等生形象，實則仰賴安寧療護立法、納入健保給付兩項招牌亮點。但看在資深安寧人趙教授眼裡，台灣的安寧資源投入不足，根基不穩，品質良莠不齊。她聲稱下次不再帶評審去看「樣本安寧病房」了。

我心想應該帶評審去看台灣的慢性呼吸病房和養護中心，幾十萬人插管臥床的台灣，離「好死之國」豈止遙遠，連邊都沾不上。沒想到二〇二一年的「死亡品質」評比，台灣竟然更上層樓高居全球第三名，我覺得真羞愧，對「經濟學人智庫」的評比標準感到無法認同。

經濟學人「死亡品質」評比的五大指標包括1.安寧療護與醫療環境；2.安寧療護人力資源；3.照護的可負擔程度；4.照護品質；5.公眾參與。我認為這只反映了某些安寧緩和單位的照護品質不錯，完全無法反映整體國人的死亡品質。台灣一年的死亡人口約十九萬，多年來安寧住院死亡的人口約一萬五千人，居家安寧死亡人口逐年增加至約五萬人（二〇二一年，其中有許多人是彌留才送回家）。從人數看是在改善中。但是善終人口比例並不高。

我所想像的死亡品質指標應該包含1.全國在家自然死亡人口比例；2.全國插管臥床人口比例；3.國人不健康餘命多少年；4.國人死亡前平均臥床期間；5.每年接

受無效醫療的人口、期間或花費等；6.安樂死是否合法。

若是以上述指標來看，台灣在家自然死人口比例可能小於百分之二十，插管臥床數十萬人以上，平均臥床十年（養護機構臥床者），不健康餘命八年多（全體國人），無效醫療費用佔健保四分之一，安樂死不合法，總結六項都不及格。看來台灣要真的成為「好死之國」實在還有很大的努力空間。雖然教育民眾提高「死亡識能」（death literacy），平常多談論死亡議題，溝通死亡觀，為善終作準備很重要。然而數十萬人插管臥床是無效醫療所造成，若是能夠從制度面有效管控無效醫療，無復原可能的插管病人能夠快速撤管，才是影響力更大的關鍵因素。這不但攸關民眾的善終權利，其實也攸關國家的財政負擔和競爭力。

二〇二二年八月英國有一個十二歲的小男孩（Archie Battersbee）因為玩網路窒息遊戲造成腦部永久性傷害，陷入昏迷。靠著維生系統臥床六週後，醫師判定男童已經腦死，完全沒有復原可能，維生治療只是延遲死亡，因此做出應撤除維生系統的醫療處置。但是男童父母希望能給予更長的觀察時間，盼望有一線生機，因此向最高法院上訴。法院依據「怎麼做對孩子最好」（符合其最大利益）的原則來判決，駁回家長的上訴。男童在撤除維生系統後兩個小時死亡（此時已經昏迷三個半月），家屬的無法放手是一時的情感勝過了理智。

在台灣，腦死的案例也可以撤除維生系統，但沒有到強制施行的地步。然而不只腦死者生命無品質，數十萬無意識、無法言語、無法進食、無法動彈者，是否也應該考慮強制撤除維生系統？「維生系統」本是為了救命，但當它變成「延遲死亡」的工具時，就應該強制撤除，這符合病人的最大利益，也符合家屬和國家的最大利益。

英國和加拿大的醫療都是公醫制度，所有國民的醫療從出生到死亡完全免費。所以遇到無效醫療的情況，國家保險是不會給付的。以常識推測除了不符合病人的最大利益以外，至少還有三個理由，1.管控醫療費用的支出，否則無效醫療是一個無底洞，會拖垮國家財政。2.避免佔用醫療資源，剝奪其他病人的就醫機會。3.長期照護這樣生活品質低落的病人，對醫護人員（或家屬）的士氣有害。這樣的政策完全符合人道精神。

台灣的健保制度包山包海，和公醫制度所差無幾，無效醫療對家庭和國家財政來說，都是非常不利的。從制度面有效遏止無效醫療乃當務之急。眼看老人列車疾駛而來，車上乘客越來越擁擠，如果還是這麼多無效醫療製造更多的插管臥床病人，醫療量能負荷不了，長照服務系統超載，健保可能破產，許多家庭也要被壓垮。若不改革，不久的將來，將成為國安問題。真是讓人憂心重重。

評估死亡品質最重要的指標是「在家自然死」人口的比例，因此追求「在宅善終」成為未來的趨勢，提升群體的「死亡識能」是達成此目標的核心。「死亡識能」代表獲取、理解及使用末期照護相關資訊時的知識和能力；也可視為陪伴及照顧瀕死者、學習生死議題的人生智慧[5]。透過居家照護的社區參與及在宅善終的個案累積，整體社區一同培養死亡識能，才能重新訓練民眾在家照顧臨終親人的能力，進而恢復國人在家自然死的傳統。

美國的凱思林・辛（Kathleen Singh）博士長期從事安寧照護工作，有豐富的臨終陪伴經驗，她觀察到「臨終經驗」是所有人類的普同經驗，它是我們的肉身和自我感開始崩解消融，而逐漸轉向內在靈性的一個過程。這些靈性的品質包括了性空的圓滿、無邊的浩瀚感、不受拘束的自在感、內在光芒、安詳、慈愛、放鬆和一種神性。

她在一九九八年出版的《好走：臨終時刻的心靈轉化》（*The Grace in Dying: how we are transformed spiritually as we die*）[6]書中提到：

在這個國家，死亡正逐漸被帶到陽光之下。我們可以看見，因為人們重新參與了臨終的過程，從而形成許多充滿洞見的觀察。愈來愈多的人選擇在家裡過世，他們寧願待在自己熟悉的環境，在家人的陪伴下，明明白白地走生命的最後一程。我們之中有幸親密相伴臨終過程的人終將發現，死亡讓我們融入更浩瀚的存在。藉著了解死亡，我們更能全然、自在的活著。

死亡是一個心靈淬鍊的過程，對亡者而言如此，對生者也是。「在宅善終」不但是亡者的福氣，也是讓生者成長的一個契機。當一個國家有越來越多的人在宅善終，可以提升整體國人臨終照顧的能力，進而提升全體國人的「死亡品質」。

一、病人的迷思

註1—《我的視覺日記：旅德生活十五年》，王小慧，正中書局，二〇〇二。

註2—《死的藝術：坦然面對死亡》（*The Art of Death*），威蘇森博士著，吳憶帆譯，志文出版社，一九九九。

三、醫師的迷思與枷鎖

註3—《二十一世紀生死課》，海德．沃瑞棋著，朱怡康譯，行路出版，二〇一八。

四、如何提高國人整體「死亡品質」

註4—《向殘酷的仁慈說再見：一位加護病房醫師的善終宣言》，陳秀丹，三采文化，二〇一〇。
《向殘酷的仁慈說再見2：給愛的人沒煩惱，被愛的人沒痛苦！》，陳秀丹，三采文化，二〇一四。

註5—黃喬煜、徐愫萱、黃勝堅等，〈提升「死亡識能」：推廣在宅善終的高價值照護〉，《北市醫學雜誌》第十四卷第三期（二〇一七），頁二六九—二七八。

註6—《好走：臨終時刻的心靈轉化》（*The Grace in Dying: how we are transformed spiritually as we die*），凱思林．辛（Kathleen Singh）著，彭榮邦、廖婉如譯，心靈工坊，二〇一〇。

第五章

斷食往生的法律與倫理面向

一、「斷食往生」緣起

二〇一三年我閱讀日本中村仁一醫師的《大往生》[1]，他在自己的生前意願書中寫下：由於本人偏愛「自然死」而非「醫療死」，故若本人陷入昏迷或無法做出正常判斷時，請協助完成下列事項（略）。若是痴呆，本人會趁自己完全痴呆之前，進行「斷食死」。並做了以下的說明：

雖然不易掌握準確的時機，不過最好趁自己完全痴呆之前，採取山折哲雄先生（西元一九三一年～，宗教思想家）所提倡的「斷食往生法」。

不過山折先生並沒有教導具體的作法，所以我自行思考，若能像西行法師（西元一一一八～一一九〇年，僧侶、和歌詩人）一樣，覺察自己的「死期到了」，應該就會很輕鬆，所以我都盡可能訓練自己，能夠覺察體內發出的訊號，並極力順其自然。

中村流「斷食往生」的具體作法：斷五穀七天，斷十穀七天，吃木食（樹木果實）七天，斷水分七天。

會以七天為單位，有非常合理的理由，例如在比叡山延曆寺的修行中，斷水如果超過九天，通常就會有危險。對照在老人安養中心裡，老人家從滴水不沾到死亡為止，大多都在七天到十天左右，所以我才會推出這樣的結論。

這是我第一次聽到「斷食往生」這樣的名詞和作法。因為不懂日文，用中文「斷食往生」這個字在網路搜尋只查到中國和台灣有幾例篤信佛法的老菩薩，當生命走到末期時，斷食、斷水，一心唸佛，在家人的陪伴與助念中往生。親友在記錄這個過程時，以「斷食數日、往生極樂世界」來描述[2]。道證法師（西元一九五六～二〇〇三年，郭慧珍醫師）則描述廣欽老和尚臨終時「近月不食」，唸佛仍聲音宏亮[3]。陳慧劍在《弘一大師傳》[4]中描述弘一大師自知時日已到，交代好後事，於農曆八月二十七日開始「絕食」，在九月初四圓寂。

我詢問《漢字日本》[5]作者茂呂美耶，日文「斷食往生」這個詞的應用。她說「斷食」這個詞在日本很常見，用於各種斷食減肥、斷食健康法。「斷食往生法」是山折先生所提出，通常是指老衰重症者末期不吃不喝自然死亡的過程，「自然死」是較為普遍的用法。有少數宗教家或文人，偶爾會以山折哲雄先生的「斷食往生」主張為例子，寫些自己對死亡的感想隨筆（註：中村醫師就是其中之一）。

山折哲雄先生之所以主張西行法師是斷食往生，是因為那個時代的修行僧人，本來就經常進行斷食、斷水的修行。而西行法師去世的日子，恰好與他寫過的和歌「但願在櫻花之下，春天的二月月圓之夜離世」相吻合的關係。

山折先生曾在演講提到，自己二十多歲時曾經吐血送醫，過了兩週不能進食的生活，而獲得斷食的體驗。再從日本歷史上的高僧傳等資料中，推測平安時期的高僧，從他們的飲食記錄來看，在坐化圓寂之前，均有飲食控制、逐漸斷食。斷食是為了往生的身心暖身，他認為往生者透過斷食讓身體變輕快、精神變清澄。從斷食到死亡的過程，就像是自然死亡那樣平穩的死去，如同透過斷食而逐漸成為枯木之姿的西行法師一樣。

中村仁一在《大往生》書中聲稱打算把「斷食往生法」應用在完全痴呆之前，這是在身體健康還未進入末期狀態時，就斷食、斷水以求加速死亡。不過他自己晚年罹患肺癌往生，並沒有實施斷食、斷水。也不確定他是否有將此法應用在非末期病人身上。他計畫用一個月的時間漸進斷食、斷水。在歐美是以 VSED（voluntarily stopping eating and drinking）來稱呼，照字面翻譯的話是「自主停止吃喝」或者「自主停止飲食」，還不如「斷食往生」來得簡潔明瞭。美國的 VSED 則是一啟動就完全停止吃喝，在兩週內死亡。我選擇了中庸之道，一個星期內漸進式減食到完全斷食，然後盡量少喝水，通常在三週左右往生。斷食過程都配合人生的回顧、身心的舒適照顧和好好道謝、道愛、道別，達到善終的目的。因此又稱為「斷食善終」，因為斷食只是手段，善終才是目標。

本書中斷食往生的對象，涵蓋老衰重症末期自主停止飲食的個案，也包含無表達能力（仍有無意識覺知）的插管臥床者。這些病人健康時多半曾經交代不要如此歹活，即使沒有明確交代，家屬也能依據病人的性格推測他們不想要這樣的存活狀態，斷食往生才符合他們的最大利益。

二、哪些人適合斷食往生

第一類是「老衰、生命末期」的病人。

人類死亡的自然機制是器官逐漸衰竭，包括消化系統，所以會自然吃不下也喝不下。但是不論是一般醫護或者家屬，如果沒有這個觀念，以為病人要多吃多喝才能保有體力、免疫力，而強餵病人或者打點滴，其實病人是很受罪的。可能造成病人身體腫脹，甚至有胸水、腹水。若經過心肺復甦術，病人吐血水、針孔也冒出水來的景象，縈繞在家屬腦海中，將造成很深的創傷和遺憾。當不能吃了，不想吃了，就順其自然，病人會出現「臨終脫水」現象，如乾枯的樹枝、落葉，神態安詳的往生。

前台大加護病房的黃勝堅醫師就經常在演講中提到，病人在加護病房死亡，護理人員會請家屬去買大兩號的衣服，因為病人身體腫脹穿不下以前苗條的衣服了[6]。

有位九十五歲的婆婆，八個月前下肢水腫，醫師診斷心臟衰竭，給予藥物。最近兩週虛弱無法下床，不吃不喝，口吹泡泡，喉嚨有咕嚕咕嚕聲，有時昏睡、有時唉唉叫。婆婆的兒子很擔心，看母親不舒服，一直想送醫，媳婦覺得不妥，詢問我是否可以進行斷食往生。我說這是婆婆已經臨終的表現，她自己在進行斷食了，這樣才能輕鬆啟程。還是可以準備食物餵她，若她不吃不要勉強，順其自然就好。我告訴她當婆婆清醒時，請家人跟婆婆道謝、道愛，讓她身體舒適。這媳婦很有心，放音樂給婆婆聽，幫她用精油按摩。過程中，婆婆偶爾可以吃半碗粥，一週以後連水都不喝，再過十天就在家人陪伴下安詳往生。

我只是遠距通話，安定家屬的心。臨終不送醫，避免無效醫療的折磨，就能讓老人家壽終正寢。家有老人或重病者，對臨終現象的認識以及具備照護的能力，實在非常重要。懂得向外求援也很重要。現在網路很方便，搜尋「安寧資源地圖」聯絡居住地縣市的居家安寧團隊，他們會來居家訪視，給予必要的醫療或安寧照顧。這些服務都有健保給付。

有位六十五歲的女性病人，因為呼吸心跳停止送往醫院急救，插了氣管內管。家屬依照病人之前的意願拒絕讓病人插鼻胃管。因為腦部嚴重損傷，無復原可能，所以要求拔管。移除呼吸管後，病人有自行呼吸的能力，醫師再度建議插鼻胃管，家屬仍拒絕。來信問我，如何斷食善終？我說，目前沒有插鼻胃管，只要醫師不打營養針，拔掉點滴，這樣就是斷食往生了。通常當事人健康時曾經交代不插管、不臥床，子女就比較容易做出放手的決定。病人在三週後安詳往生。

另一位醫師朋友的母親已經九十六歲，嚴重腦中風，失明、失聰多年，生活品質本來就很差，且中風沒有復原機會，決定拒絕無效的治療，因此沒有插鼻胃管（但是持續點滴注射），兩週後安詳過世。她在美國執業的同學聽到這件事非常驚訝，台灣醫學中心的醫師（她們夫妻和主治醫師）竟然不知道病人臨終有脫水的生理過程，應該停止所有輸液。看來不只民眾的死亡識能不足，許多醫師也是如此，包括幾年前的我。

一位讀者九十九歲的父親往生，她寄給我的謝函如此描繪其情景：

> 二月九日爸爸開始不喝不食，我常問他你口渴嗎？他說不會。您餓嗎？他說不會。哪裡不舒服嗎？他說：沒有，我要睡了，躺著最舒服。我問他：您是想要趕快飛上天和耶穌作夥嗎？他點點頭對我神祕微微笑。我看他意志堅定，就和家人商量決定遵照他自然斷食善終的意願，五天來只以粗棉棒沾營養品讓他

吸吮。第六天早上我喚他，異於往昔，他已經沒氣回應，眼睛不再睜開，胸部起伏急促的抽氣聲，看了令人心疼，但很快就斷氣，身體一切運作都平靜了。靈魂進入主裡的安息與自由。我們放了幾首好聽、熟悉、撫慰心靈的詩歌，伴隨安詳睡在耶穌懷裡的爸爸。

日本NHK電視台曾經製作一部紀錄片，並出版同名書籍《老衰死》[7]。隨著人口老化，「老衰死」的比例逐漸增加。這些人除了高齡以外，並沒有特殊嚴重的疾病，沒有緣由的睡眠時間越來越長，進食量越來越少。有經驗的醫師和照護人員，並不會特別把病人叫起來吃東西，讓他們想睡就睡，醒來了想吃再吃，吃多少完全由病人決定，不強迫病人。許多病人沒有什麼痛苦，也不需要任何醫療處置，在不吃不喝兩週到一個月左右，平靜的走了。就像即將燃盡的蠟燭一樣，連進食的欲望都沒有，也沒有吸收食物的能力，自然的停止飲食往生。這時候如果人工灌食或者打點滴，只是讓病人因痰增加、身體腫脹而死，徒增其痛苦。

書中引用了安寧照護（Hospice）的創始者，西西里．桑德斯（Cicely Saunders）留下的一句話：「Not doing but being.」不必再做任何事，只要陪在身邊就好。

二〇二二年五月開始，台灣政府將衰老者也列入安寧緩和醫療的健保給付項目中[8]，若遇到上述老衰病人，睡眠增加，進食快速減少或者不願吃喝等情況時，也可以申請居家安寧照顧，在宅善終。

第二類是疾病本身太痛苦，無法治癒，情況只會越來越壞，如癌症末期、慢性肺病、慢性肝病、慢性腎衰竭、心臟衰竭等。

我遇到幾位癌症末期病人，雖然接受止痛和鎮定治療，還是痛不欲生。兒女告知斷食善終的方法以後，他／她們開始斷食，也許是知道痛苦可以提早結束，下定決心後病人就變得比較平靜了。有位病人吃了二十幾年安眠藥，決定斷食當天竟然沒有服藥就可以睡了。因為水分進得少，痰減少、水腫改善，也減少了不適，後來都能輕鬆、平靜地離開。

有一位五十八歲大腸癌末期的女性患者腸阻塞住院，一直吐膽汁，腹脹、腹痛，判定無法手術。醫師給了靜脈營養輸液，結果所有症狀都更嚴重。病人抱怨太辛苦了，要放棄治療。她兒子上網查到斷食善終觀念，要求醫師停止靜脈營養，點滴的量也降到最低，只提供嗎啡減少疼痛。結果嘔吐減少、腹水減少，就沒有那麼痛苦了，媽媽終於能夠安睡，第四天在睡夢中安詳離開。她兒子很高興自己的建議讓媽媽的最後一哩路走得平靜。他心中感到安慰，特地寫信來感謝我。我說：「不要忘記感謝你自己。媽媽很高興你幫了她大忙，她在天上會保佑你一切平安順利的！」

第三類是尚有決策能力罹患神經肌肉退化性疾病者，如大腦退化、帕金森氏症、漸凍症、小腦萎縮症、肌肉萎縮症等。

因為退化性疾病沒有特效藥，只會持續惡化，終將完全失能，可以依據其自由意志進行斷食往生。這就是國外所謂的自主停止飲食（Voluntarily Stopping Eating and Drinking，VSED），也符合我國「病人自主權利法」的規範。通常我會請病人用手機錄下自己的意願（預立照護錄影），作為佐證，保護家人以及協助的安寧緩和團隊。因為他們已經嚴重失能，去預約特別門診簽署「預立醫療決定書」，勞師動眾，多所不便，沒有簽也沒關係。我母親當初就沒有簽署，因為去醫院不方便，再者若進入醫療體系需由兩位醫師鑑定，需符合規定的條件，過程繁瑣，還有極高的機會遇到醫師完全無法同理而拒絕的。

「預立醫療決定書」主要是適用於目前健康的一般成人，萬一發生意外或急症時，送到醫院，醫師可以從健保卡的記錄，知道病人對於是否施與心肺復甦術、維生治療做選擇。若是遇到無法有效治療的狀況，選擇拒絕延命治療。

帕金森氏症是常見的神經退化疾病，到末期語言與吞嚥功能明顯出現障礙時通常已經沒有行動能力，但仍神智清醒，可以自主決定何時要斷食往生。若是一週內減量到完全不吃，水分也減到最低，全程二至三個星期可以解脫。若是吞嚥功能逐漸衰退，建議掛復健科找語言治療師學習細心手工餵食，直到完全無法進食，自然往生。因為不捨而插鼻胃管或胃造口（後者較舒適，不必每個月換管），就可能需要忍受插管臥床的生活多年。尊重病人的意願為主，畢竟家人無法代他受苦，若當事人留念人世，那就提供最好的照顧。

漸凍症（運動神經元疾病，中老年人得到的通常是脊髓側索硬化症）是一種更快速退化的疾病，五年的存活率約百分之五。有一位六十二歲女性，八年前確診，三年以後只能臥床和坐輪椅，先生提早退休全心照顧，從來沒有壓瘡，都是抱到馬桶排泄，不穿尿布，也都到浴室洗澡。家人很團結，還一起在台灣或日本旅遊。病人心情不好的時候，會說想去瑞士安樂死。八個月前做了胃造口，講話口齒不清，只有先生能猜中幾句，家人都感到不捨。小兒子幾年來到處尋求可以幫助母親解脫的方法，二〇二二年九月與家人閱讀《斷食善終》之後，開始減食，病人的先生不捨，每日減少五十毫升配方奶，兩個多月後，因為身體消瘦，胃造口鬆弛會漏，到醫院重做胃造口。在等待手術的過程中，病人才下定決心不再進食。此時媳婦與我聯絡，請我去安慰婆婆。我詢問每日飲水量，先生回答四百毫升，他們打算每天減少二十毫升，我告知一定要完全停水以後大約一週才能解脫。小兒子很高興父親接受我的解釋，願意照做。他勸過父親，父親聽不進去。病人在完全斷水第八天過世。

看來美國直接拔管完全停止飲食，兩週往生，有其道理。我變通為漸進式，其實是增加一週的時間，慢慢減食，全程三週左右。若因為不捨，斷食斷水的速度拖延太長，反而容易產生問題。該病人其實有尋求醫院的居家安寧照顧，但大家對於斷食往生還很陌生，所以沒有給予明確建議。希望此書可以帶給進行斷食往生照顧者更明確的指引。

第四類是癱瘓臥床，意識不清或有失智現象而無決策能力的病人。

此類個案以嚴重腦中風和失智症的病人佔最多，前者病發之時家屬都存著病人能夠復原的希望，大多極力搶救，也有雖然簽了拒絕急救同意書，所有的積極治療還是都做了。失智症者多半在吸入性肺炎以後，就被插鼻胃管，插了就拔不掉了。其實每次換管，都可以決定是否要再插，但是多數人不知道有這個選擇，也少有人敢做此決定，畢竟攸關生死，壓力太大。

可以會診安寧緩和科簽署安寧緩和家屬同意書，拒絕心肺復甦術，拔除餵食管，或者移除呼吸器。這些病人若健康時曾經交代將來不要插管臥床，可以告知安寧緩和醫師，以為參考。拔管的條件是病人符合「末期」的定義。有些醫師願意有彈性的認定這種無復原機會的嚴重身體機能衰竭者為「末期」。但是也有很高機率，醫師認為病人情況穩定，還沒有到「近期內死亡為不可避免的程度」，而不願意簽署安寧緩和意願書。此時只有兩個方法，一個是換醫師，一個是帶回家。在家中進行斷食往生。最好有居家醫療或居家安寧的團隊，或雇用有安寧經驗的照服員或看護幫忙，斷食過程中家屬可以比較安心。

我感覺到居家安寧的醫師比大醫院的醫師有較高的機率願意簽署安寧緩和家屬

同意書。畢竟他們的工作型態，有更多機會與病人、家屬接觸，也了解病人的家庭環境和經濟情況，更能夠感受到病人和家屬的痛苦與壓力。

找我諮商的案例，此種狀況佔了一半。最短的插管臥床四個月，最長的已經臥床二十幾年。家屬深切感受病人躺在那裡非常受罪。想到長輩以前有交代不要插管臥床，常自責怎麼違背了長輩的心意。但是當初疾病發生突然，尊重醫師的建議，也期待病人可以得到復原。發現無復原機會，通常身體狀況會逐漸惡化，家人心中不忍，此時要求醫師拔管，已經很少醫師願意了。經濟情況不好的，還要努力的張羅醫療和照顧的費用，或者家人自己照顧，照顧者也身心俱疲，甚至因此生病。

這類意識不清、長期臥床的病人，進行斷食往生的過程最為單純、平順。第一週逐漸減少進食量，給兩天水分，然後完全斷水。時間的長短與何時斷水最有關係，完全斷水七到十天（用藥給少量的水，定期用棉棒濕潤口腔），最多兩星期就離開了。沒有接受侵入性醫療處置，病人沒有什麼痛苦，臨走前也沒有什麼明顯的症狀，常常前一刻看起來還在睡覺，下一刻就平靜的走了，有些人還面帶笑容呢！家屬都說，長輩面貌安詳，看起來就像睡著了。

第五類是未雨綢繆者。

有許多資深醫師、讀者、斷食往生家屬向我反映，對於死亡不再恐懼，因為知道將來若是老衰重病、疾病無法治癒，或者生活品質低落、無自理能力時，可以在家自主斷食。不去安養院，也不接受無效的醫療，舉辦生前告別式，在家人陪伴中自然往生。有幾位癌症患者表示因為知道有斷食往生方法，感到心安。有位斷食善終家屬表示「善終真美好！」，這也是她所期許的目標。

反過來說，是否有不適合斷食往生的狀況？基本原則是：所有經由治療可以得到復原的病人都不符合相關規定。目前尋求斷食往生，而我沒有辦法幫忙的是罹患精神疾病者。雖然有極少數的國家，罹患難以治療的精神疾病，有難以忍受的痛苦時，可以申請安樂死。但是大部分的國家，還沒有列入，台灣的病主法等也都沒有考量到慢性精神疾病病人的善終權。有一位八十一歲的母親，照顧五十五歲嚴重憂鬱症三十年的女兒，心力交瘁。哽咽的跟我說：女兒如果無法解脫痛苦，她也沒有辦法放心的離去，聽了真心酸。嚴重的精神疾病比起身體疾病其治療更加困難，我們有何依據認為精神疾病不如身體疾病來得痛苦？精神疾病的長照悲歌，是嚴重被忽視的另一個社會問題。

三、斷食往生是餓死嗎？

部分反對撤除鼻胃管的醫師，以及反對病人斷食往生的家屬常會這麼說：「拔掉鼻胃管，你是要餓死病人嗎？」「你不能讓某某被餓死，這樣太殘忍啦！」

從小我們對餓死的印象，最鮮明的是非洲貧困國家，小朋友肚子脹得大大、眼眶凹陷，讓人看了不忍的照片。其次就是中國大躍進時期餓死幾千萬人的恐怖歷史。這些都是健健康康的人，但因為長期食物缺乏造成悲劇。

自古以來許多高僧大德，自知時間已到，自主斷食往生西方淨土的故事，時有所聞，但大家並不會聯想到他們是餓死的。也許是對他們多了些敬重，或者以為他們有特別的修行，譬如弘一大師、廣欽老和尚等。兩三週不吃不喝，只會稍微清瘦，外貌與常人無異。

日本的《大往生》與《老衰死》[9]兩本書中，用了很長的篇幅說明斷食過程中身體會製造酮體或者類似嗎啡的物質，讓人不會有很大的飢餓感，也會感到平靜甚至喜悅。所以不吃不喝自然死亡，過程沒有痛苦，安詳而平靜。中村仁一醫師特別強調老衰重症者的不吃不喝，與在沙漠中沒有東西吃、沒有水喝的那種飢渴是完全不一樣的。

在我陪伴斷食往生或拔管善終的數十個案例中，若是神智清醒者，確實仍會表達想吃或者想喝水的欲望，但是並非嚴重到難以忍受，有病人吞一口飯或者喝一小匙油就可以緩解。或者以讓他們情緒舒緩的方式（例如聊天、聽音樂、唱歌、按摩等）來分散他們的注意力，或者服用鎮定劑延長他們的睡眠，都可以安然度過。而且飢、渴的現象是暫時性的，會持續多少天每個人不太一樣。口渴症狀持續稍久，給予護唇膏、沾水棉棒濕潤、漱口然後吐掉水，或者口含鹽糖、小冰塊（加入病人喜歡的口味），都可以緩解症狀。

即使病人需要經歷飢餓，我也不會覺得病人是餓死的。因為身心健康的人不會想要斷食往生，這些個案都是有嚴重疾病及失能才斷食的，所以病人是因為罹患的疾病而死亡，並不是飢餓造成的。斷食是手段，目的是提早脫離疾病所帶來的無止盡、難以忍受的痛苦。

再說飢餓本是人們正常情況就會有的一種感覺，飢餓感對人並無傷害，有許多人為了健康，規律的做長達數日甚至數週的斷食。現代人在未有飢餓感時就吃下一餐，其實是不健康的，故而衍生出各種斷食健康法。斷食往生的過程不過兩三週，然而無法治癒的疾病所帶來的痛苦，通常長達數年，甚至數十年。兩相比較，選擇暫時的飢餓，終止無盡的痛苦，其實是比較明智的。

一位六十歲的男性病人，因為嚴重腦中風插管臥床十年，住在安養中心，四肢蜷曲，身上有壓瘡。唯一的女兒看著父親情況越來越遭，心中很不忍，也知道父親絕無復原可能，向我求援。我轉介他住到一家醫院的安寧緩和病房，醫師們還在商討如何確認病人的意願，沒想到雙手未被約束的病人，在住院隔日清晨自己拔除了鼻胃管。醫師耐心與病人溝通，病人眨眼兩下確認不想再插鼻胃管，臉上似有笑容。女兒簽署了拒絕人工營養的家屬同意書，病人沒有任何不舒服甚至感到輕鬆，在九天以後安詳往生，父女兩人都解脫了。女兒來信謝謝我，我說：「恭喜！」有些情況，死亡確實是喜事。

這個案例的意義重大，讓我有了新的想法。想幫病人拔管善終，假使醫師不願意，有兩個應對方法。第一是不要約束病人的雙手，病人自行拔除鼻胃管以後，細心確認病人拒絕再插的心願，尊重其心願不要再插。第二個方法是每個月要更換鼻胃管時，移除餵食管後，家屬根據病人過去表達的意願，不要再插就好了。

四、斷食往生是不是自殺

和信醫院的賴其萬教授長期投注心力於台灣的醫學人文教育。他非常支持斷食善終的觀念，並邀請幾位專家，在他主持的網路專欄「醫病平台」撰寫對於斷食善終的專業評論。

目前任職陽明交通大學醫學系「醫學人文暨教育」學科的楊秀儀教授對於斷食往生是不是自殺，有如下的看法[10]：

> 畢媽媽是在意識非常清楚的情況下，深思熟慮之後，以死亡為目的，進行斷食。她的行為（不作為——拒絕食物及水）乍看之下就是自殺，但卻和大多數衝動型、狂暴式自殺迥然有別，在倫理與法律上必須分開評價。由於生命具有神聖性，而死亡具有不可回復性，因此幾乎所有的文化、社會都否定自殺行為；但是我們也承認，「生命誠可貴，愛情價更高，若為自由故，兩者皆可拋」。因此在特定情況之下，有一些自殺行為是殉道，是捨己救人，是追求更高的理想（屈原投江），普遍受到尊重。因此，在談自殺的倫理性時，我們必

須特別注意自殺的脈絡，而不能夠一概而論。在生命或者疾病的最後階段，以拒絕醫療或是拒絕飲食的方式坦然接受死亡的到來，這是一種生命自主的展現，論者普遍承認這是「自然死」，而非自殺；就算要評價為自殺，也是一種「理性的自殺」。

不過在許多國家卻有明文處罰加工自殺罪。我國刑法第二百七十五條就有相關規定：「受他人囑託或得其承諾而殺之者，處一年以上七年以下有期徒刑，教唆或幫助他人使之自殺者處五年以下有期徒刑。」畢醫師及其家人是否有可能符合我國刑法第二百七十五條的教唆或幫助自殺罪呢？經過仔細的法律評價，是不符合的。二〇一六年病人自主權利法通過，法律鼓勵人們進行善終規劃，企圖打破死亡的禁忌，鼓勵家人們彼此互相溝通，因此畢醫師和母親針對生命末期的相關討論正是我們所鼓吹的預立照護諮商，這是值得肯定的，他們閱讀了《大往生》，書中有對死亡的想像與規劃，這些當然不能評價為教唆自殺。而幫助自殺一定必須是一個積極的「作為」，比如說給予致死針劑，開立致死處方等。由於斷食的方法是漸進且溫和的，更重要的是在斷食過程中，個人隨時享有反悔的機會與權利，因此沒有任何人可以強迫畢媽媽進食，也沒有人強迫畢媽媽斷食，從這個角度而言，就算畢媽媽的行為可以構成是自殺行為，知情的子女們也不會構成幫助自殺。那是否會有遺棄罪呢？從這個例子來看，在斷食過程中家人們緊密的陪伴，並給予無微不至的安寧照顧，更無遺棄可言。

美國的沃瑞棋醫師在《二十一世紀生死課》[11]書中回顧了人類對「自殺」觀念的演變。

古希臘人雖然非常重視健康，但也相信病人若無特別要求，醫師沒有責任不計代價延長病人的生命。安樂死和醫師協助死亡在當時是社會主流，自殺也被允許。到了中世紀，基督教相信人的生命為神所有，人們的義務是謹慎保守這份禮物，因而譴責自殺，認為自殺違反天性、罪孽深重且有害社會。這種情況直到文藝復興時代「以人為本」的思想興起才受到挑戰。

一五一六年著名的《烏托邦》（*Utopia*）作者湯瑪斯．摩爾（Thomas More）在書中對死亡的看法現代看來都很前衛：

治療絕症病人的目標主要在減輕痛苦，來訪親友盡量陪伴病人聊天，安慰他們。但如果所患的病不僅治不好，而且引起極度且持續的痛苦，神父和官員們便會前來……勸他不要再讓疾病在他身上肆虐，既然活著只是折騰就不應苟且偷生，應該懷抱希望，了斷生死，脫離這個令他受苦受罪的軀殼，自己破牢而出或者讓旁人拯救脫離牢籠……贊同這種說法的人或者自願絕食而亡，或者由他人協助，沒有痛苦的死去。若不贊同則不強迫執行，病人仍然受到妥善的照顧。

從這段話也可以發現自主斷食往生歷史悠久，是人類解脫無意義的痛苦之本能。

一七七五年的經驗論大師大衛．休謨（David Hume）在〈論自殺〉文中也提到：

無庸置疑的是：如果一個人深受年老、病痛、不幸之苦，讓人生不但成了負擔，甚至活著還比死了更慘，這時自殺不僅符合自身利益，也是我們對自己的責任。

年紀不到三十歲的沃瑞棋對自殺的哲學性思考，也頗有新意：

> 自殺求死之人多半為了終結生命，而非追求死亡，臨終病患也是如此。到目前為止，我還沒遇過為了死亡本身而求死的病人。事實上，越是千方百計想掙脫生命的人，往往也越是看中生命的「意義」。

「意義」這兩個字，正是根本之所在。若不是生命失去了意義，人們怎會想放棄生命？我母親的斷食善終就是因為生命沒有了「自由」、「意義」與「尊嚴」。她的死亡反而帶來了更大的「意義」，為許多人帶來啟發。我深信她的靈魂持續的帶領著我，讓我的生命出現了更大的「意義」。

有位姊姊因為四十六歲的弟弟嚴重腦傷後又合併腦中風（醫師說一輩子都是植物人了），要求撤除鼻胃管讓弟弟解脫，她所了解的弟弟不願意這樣活著。醫護人員的回應是：「這是一條人命耶！」是啊，這是一個生命，姊姊就是重視弟弟這個生命未來幾十年的品質、尊嚴和意義才會提出這樣的要求。醫護人員如果只站在自己的角度來思考，確實是會覺得這是一條人命，不能讓死亡案例又增加一例。也許醫護人員的腦中，病人死亡就是失敗，根深柢固要讓病人活著，沒有想過病人將以什麼狀態活著。這位姊姊就反問這位護理人員：「你們治療了這麼多病人，有追蹤這些病人和家屬後來過著什麼樣的生活嗎？」

我個人對於斷食往生是否是自殺並不介意，自殺的對與錯、是與非都是人們受到過去經驗影響而產生的執念。對於斷食善終的病人和家屬而言，這個行為是追求病人的最大利益，經過充分準備，有親密的陪伴，對家屬而言是珍貴而圓滿的體驗，對整體社會而言不但沒有傷害還有益處。那麼其他人執著於這是否是自殺，對於當事人和家屬來說又有什麼好在乎的？

不過這不代表我鼓吹自殺，我只是同理自殺者有其苦衷。我的舅舅因為小腦萎縮症癱瘓在床數年後，用床頭收音機的電線繞頸自殺。表姊在上班中，聽到家有急事的廣播，回到家看到父親整個頭臉腫大成紫黑色，嘴巴張開，舌頭吐出。這個父親在世上的最後一面、最後的景象，像惡夢一般縈繞腦海不去，讓她無法入眠。每當聽到自殺兩個字，就全身顫抖，甚至忍不住哭泣。她花了十幾年的時間，接受心理治療，才走出來。我同情、憐憫舅舅做了這樣的選擇，我相信他不知道這種無預警、暴力式的自殺，會造成親人多深的創傷。要是時間可以倒轉，我會告訴舅舅，斷食往生是沒有痛苦，家人又可以好好陪伴、好好告別的善終，生死兩無憾。雖然廣義來說，母親的斷食也是自主終結自己的生命，但是其後果和影響，與舅舅的自殺有天壤之別。

五、斷食往生的合法性

賴其萬教授邀請台大醫學院的蔡甫昌教授針對斷食往生的法律議題在「醫病平台」有精闢的分析[12]。

> 斷食往生可分為「病人自主要求停止飲食」與「家人決定終止給予病人人工營養與水分」兩種型態。前者屬「有決定能力之當事人行使拒絕醫療介入之權利，他人不應強加其所不願接受之處置於其身上」，此乃屬尊重當事人不受他人干擾與介入之消極權利，並無爭議。
>
> 後者則是「家人代理病人做出拒絕維持生命治療（包括人工營養與水分）之

決定」，對於這樣的決定，家屬是否有代理權、是否符合病人意願、維護其最大利益、是否存在利益衝突，及國家是否必須保護這樣處境之個人……等，則是執行之前必須釐清的問題。

在某些西方國家，對於無決定能力之病人，例如處於永久植物狀態（persistent vegetative state, PVS）者，也能透過「終止給予人工營養和水分」來實現尊嚴的善終。以下介紹英國歷史上重要判例，提供讀者參考。

一九八九年四月，Tony Bland（湯尼）在足球場的推擠事故中，導致腦部缺氧而嚴重受損，隨後陷入永久植物人狀態。他需要人工餵食，但是能夠自主呼吸。經過了幾個月的治療，湯尼的意識狀態仍未有好轉，醫療團隊和家屬於是決定撤除湯尼的維生醫療，包括人工營養和水分。湯尼的家屬和醫療團隊都有共識，然而醫療團隊卻被檢調單位威脅：若逕行撤除湯尼的維生醫療，將面臨謀殺罪的控訴。一九九二年醫療團隊和家屬向法院提交申請，希望法院宣告「撤除湯尼的維生醫療（包括人工營養和水分）」為合法。經過幾次上訴，英國上議院最後宣判撤除維生醫療為合法。上議院認為人工營養和水分屬於「醫療處置」（medical treatment），並且相信若繼續這樣的醫療，對於湯尼並無治療上、醫學上或其他方面的好處。一九九三年三月，醫療團隊撤除湯尼的維生醫療，湯尼於九天後過世。不過，湯尼的父母認為他早在一九八九年就死於足球場的意外事故中。

Tony Bland 案最主要的影響是「確認人工營養和水分為醫療，且與其他維生醫療一樣可以合法撤除」。對湯尼這樣的永久植物人而言，人工餵食不符合其最佳利益，因為除了延長植物人無意識的生命，沒有其他作用。

這個案例發生的時間與美國南希・克魯森植物人法院通過撤除人工餵食管的時間相當（三十三年前）。那是歐美國家開始反省以科技延長病人的死亡並不符合病人利益的年代。台灣的王曉民一九六三年成為植物人，她有由口進食能力，所以未引發撤除鼻胃管的議題。她的父母於一九八三年開始陳情希望更激進的安樂死法案通過，可惜至今沒有成功。

蔡甫昌和楊秀儀教授都認為，有自主意識者決定停止飲食，終止痛苦的生命是合乎法律原則及醫學倫理的。至於沒有自主表達能力者，由蔡甫昌教授分享英國的相關判例可知，在沒有辦法依據「尊重自主原則」的狀況下（無醫療委任代理人、無簽署預立醫療決定或安寧意願書），基於維持人工營養和水分對當事人、家屬、醫療體系，乃至社會沒有好處，改用「最大利益原則」為決策依據，也不要求必須經過法院審理。反觀我國目前對於沒有自主表達能力者，由家人代為決定不予人工餵食的作法，醫界仍有爭議。有關這點，我們目前的作法是這樣：

一、無語言溝通能力的所謂無意識病人，其實絕大部分仍有覺知，若經由有經驗的專家耐心與之溝通，常常可以得到當事人的回應。譬如以眨眼睛、動動指頭、牽動嘴角、握手來回應。有位病人可以利用舌頭的輕微動作來回應我的問話。因為這些肌肉都負責精細動作，在腦部由很大的區域、很多的神經元來控制，所以病人雖然無法完成說話、吞嚥等複雜的動作，其實仍有控制這些小肌肉的能力。家屬看到病人眨兩下眼睛向醫師表示同意撤除鼻胃管，莫不感動落淚。

二、病人在健康時候的意願表達，有足夠的證據顯示其真實性時，將被採納。由於我國簽署預立安寧緩和及維生醫療抉擇意願書的人約八十五萬五千多人。另病人自主權利法，二〇一九年開始實施，才約四萬三千多人簽署。民眾普遍沒有留下實質證物的習慣，所以建議可以從寬認定。前述美國南希・克魯森的案例，也是採用她人轉述她過去曾經表達的意願。我最常聽到的例子是，親友中有人臥床拖了多年，會因此談及自己對死亡無懼，千萬不要這樣拖磨。假如擔任過照顧者，那更是反覆的聲明：「將來我若這樣，你們不要救我！」

有朋友詢問，就算病人健康時曾經表達將來不要插管臥床，我們如何得知他目前仍然有這樣的想法。那我想要反問，無意識者被插管，我們有經過他們的同意嗎？為什麼病人反覆「被插管」，我們不在乎他的意願如何？家屬不忍心病人受苦，要求拔管的時候，我們卻反駁：「沒有人知道病人的意願，這違反病人自主權。」這不是雙重標準嗎？

也有人擔心無意識者「被斷食」會引起滑坡效應，怕家屬嫌照顧太累而要求幫病人斷食。我接觸的家屬都是不忍病人受苦才有斷食往生的要求。若是有遺棄長輩傾向的，根本不聞不問，不會出面。慢性臥床長輩的照顧者常常是最孝順的孩子、最有責任感的家人。我目前碰到的情況就是這樣。從斷食往生過程的陪伴中，看他們照顧得無微不至，也可以印證。最讓人氣結的是天邊孝子女從來不出錢、不出力，也不來探望，卻最可能就是那位阻礙長輩斷食善終的人。

明明「被插管」者比比皆是，我們不問他們的自主意願。卻擔心無意識者「被斷食」，若我們讀懂他們的意識，他們必定是說：「感恩被斷食！」

三、假如病人符合安寧緩和條例的「末期」階段，家屬有權利簽署放棄人工營養與人工餵食的同意書。這點不是所有安寧緩和醫師作法都一致，我的原則是找認同的醫師幫忙。說真的，安寧緩和條例可沒有任何文字敘述提到「植物人不是末期」，也沒有說「維生治療不包括人工營養及流體餵養」。這是不願意幫忙撤管的醫師們最常說的理由。已經實施二十三年的安寧緩和條例之基本精神，連安寧緩和科醫師都還沒有共識，就更別提其他科醫師了。常佑康醫師建議醫療人員不要說：「你們（家屬）要撤除病人的治療（或停止鼻胃管灌食）嗎？」而是換成這個說法：「如果病人可以表達，依照他的價值觀，他會希望醫療團隊（或家屬）怎麼做？」

有安寧緩和醫師發現門診有越來越多「不符合末期」條件的家屬要求幫病人斷食往生，因而憂心重重，擔心斷食往生會有滑坡效應。我覺得最了解病人的是家屬，當家屬感受到斷食往生符合病人最大利益的時候，醫師在意的卻是病人的狀況「有沒有符合末期」？這造成醫界認知與民眾需求的巨大落差。我期待醫界人士反省目前「末期」的定義是否符合人道，認真省思為何民眾有越來越多這樣的需求？

四、家屬全體同意「停止人工餵食」最符合病人最大利益時，也可以進行。萬一醫療院所不願執行，就在家執行。一直以來，假如家屬放棄治療，醫院都是請家屬帶回家，在家自然死亡。這其實非常符合自然法則、基本人權，應該凌駕於法律之上。只是萬一家人之間有糾紛而興訴訟的話，無法預料會有何結果。不過台灣要是真有這類案例興起訴訟，能夠引起國人重視和熱烈討論，法律的判決也許可以成為歷史性的重要準則。但是要祈禱不要碰到觀念保守的法官，譬如前述英國的檢調單位，家屬和醫師都同意撤管，他們還要控訴謀殺罪。

法律是為人而服務的，當法律不夠周全或者執行者沒有共識，應該是讓法律內容以及執行面更完善，而不是倒過來要求人去遷就法律。

有決策能力者的自主斷食往生，在合法性上沒有爭議，在執行上反而要更加審慎。在歐美國家，自主斷食會由醫療保險提供臨終照顧，通常可以住到安寧緩和病房進行。事先必須先經過包括身心科醫師、安寧緩和科醫師、護理師、倫理師、社工師、心理師、宗教師等團隊兩次以上的評估，排除可治療的心理疾病，確認現代醫療無法改善病人的症狀，才會接受其自主斷食的申請。由於斷食過程初期，自主斷食者保有決策能力，因此隨時可以改變決定，恢復飲食。在我接觸的案例中，也發生一例這樣的個案，病人在困境改善後恢復進食，而且還成為幫我推廣斷食善終的志工。

家屬通常都會擔心在家斷食往生如何開立死亡證明書。若是有居家安寧團隊服務，團隊的醫師會幫忙開。另一個方法是通知葬儀社處理時，葬儀社會派遣合作的醫師來診視後開立。有幾位家屬詢問我醫師會不會發現病人是餓死的？表示內心對斷食往生仍有不安，非常害怕這樣是違法的。一般老衰重病的死亡最後都是不吃不喝離開的。斷食往生也是一種自然死，神態安詳，所以醫師會填寫疾病診斷，然後勾選自然死亡。

六、斷食往生的倫理與宗教探討

倫理（ethics）一詞來自於拉丁文的 Ethica，是由希臘文 Ethos 演變而來，指社會上的風俗習慣、規範、慣例、典章及制度。倫理也用來說明人類行為的性質、標準、良心及其基礎。韋氏大辭典定義倫理為：符合道德標準或專業要求的行為標準。斷食往生在醫學這個專業領域是否符合倫理呢？

醫學倫理有以下四大準則：

1. **尊重自主原則**：強調尊重病人的尊嚴與自主性，例如不隱瞞病人之病情及診斷、保護病人的隱私及強調知情同意的重要性。

2. **不傷害原則**：強調醫療人員謹慎地執行以達到適當的照顧標準。此原則的精神在於不要傷害、防止傷害以及去除傷害。避免讓病人承擔任何不當的、受傷害的風險。

3. **行善原則**：指在不傷害他人之外，進一步關心並致力提升病人的福祉。所有醫療行為一切應以人的利益為前提。

4. **正義原則**：公平地分配醫療資源、尊重病人的權利及尊重道德允許的法律。

我審慎的思考自主斷食或者意識不清臥床者的斷食往生並沒有違背任何一條原則，反倒是目前盛行的無效醫療，讓病人靠著人工餵食或者維生系統沒有尊嚴、沒有品質的被延遲死亡，才是違反了醫學倫理。

「尊重自主原則」是醫學倫理的第一原則，所以疾病末期病人可以拒絕沒有必要的心肺復甦術，非末期的病人不論病況如何，也可以自主選擇是否要接受治療：如癌症治療、手術、洗腎、輸血、截肢等等。依此原則，有行為能力者決定不進食，外人強行灌食是違背人權的。無行為能力者被人工餵食，這已經被界定為醫療行為，病人過往所表達的意願應該受到尊重，這也是病人自主權利法的核心精神。我覺得無意識者「被長期、反覆插管」，並非病人的自主意願，這才是違背醫學倫理的作為，是目前最具爭議性的嚴重問題。

我想問：這些被插管、臥床的病人，他們的人權在哪裡？誰在意過他們的自主意願？從來沒有人詢問過他們的意願，都是醫師和家屬作主。急性期為了救命不得不插管可以理解，事後沒有達到治療目的，病人狀況很差，醫師應該主動建議家屬讓病人拔管解脫。若是家屬不放手，是否健保署應有規定，強制執行。以病人最大利益為考量是最大公約數。

無效醫療、數十萬人無尊嚴的臥床數年，這當然不能算是行善，這也是對當事人沒有必要的傷害。停止無效醫療讓病人自然死亡，不要忍受那無意義的痛苦，才是行善，才是不傷害。

再看正義原則，讓數十萬人躺在慢性呼吸病房、養護中心、家中苟延殘喘，手術房、加護病房、病房裡進行著這麼多的無效醫療，耗費了多少健保資源，消耗了多少家庭的經濟和人力，這是違背了「公平正義原則」。納稅人的兩千億花在無效醫療上，佔用了那麼多醫療資源，讓其他病人在急診處等待，排不到病房，這是不是一種相對剝奪？家中大把的金錢花在躺臥在床多年的病人身上，照顧者消耗了多少青春，對這個家庭和照顧者而言，公平嗎？不要說是因為親情、因為愛，他／她們甘願，假如可以選擇，他們非如此不可嗎？

宗教信仰是社會文化的一部分，影響許多教徒的價值觀。我沒有宗教信仰，引用兩位精神醫學教授的看法彌補我個人之不足。

以下有關佛教信徒的論述是摘錄自木人醫師（身心科教授及安寧緩和專家）投稿於「醫病平台」的文章[13]：

佛教的核心信念是「諸法因緣生，諸法因緣滅」，意思是說萬事萬物，包含各種生命都是由各種條件、因素組合而成。所以當維持我們生命的條件結束的時候，生命就到了終點；而下一輩子會變成怎麼樣，就看我們累積的因緣及條件的結果。

佛教徒不只希望這輩子結束生命的過程，能夠順利圓滿不要受苦，更希望可以清清明明覺知真相，脫離生死的束縛達到真正的解脫。因此在佛教臨終關懷的目標是「自知時至，身無病苦，心不貪戀，意不顛倒」。

這當中「自主停止飲食」的方法，恰好就可以幫助這些身體功能逐漸走向不可逆、衰敗的病人們，「自知時至，身無病苦」，因為我們知道對這些病人來說，一般人所認定的「正常」飲食或是營養的提供，恰恰好就是會延長這些病人的痛苦。如果有技巧、有計畫地減少飲食，反而可以幫助他們平順的結束病苦。而這樣的歷程，也可以幫助病人，在心理上不必承受著那種「到底還要痛苦多久」的擔心，而在專家的計畫指導下，有平靜的心好好準備自己的臨終與親友道別，這樣可以幫助病人「心不貪戀，意不顛倒」，最終清清楚楚明明白白自己要往何處去。當然對佛教徒來說，最終希望可以解脫生死輪迴的束縛，而佛經中用了一個很大膽的字眼，來形容真正的解脫是有多麼的快樂——「極樂」，而這樣的境界是對所有人開放的，那就是「極樂世界」。

事實上，在臨床提供安寧緩和照顧時，安寧緩和團隊也會與病人跟家屬溝通，當病人的身體無法代謝利用我們從點滴或是餵食管路所提供的養分與水分時，就會建議減少點滴量與餵食量，避免病人水腫或因肺積水而呼吸困難，或因食物累積太多無法消化，而導致腹脹、腹痛，甚至是胃中食物逆流反嗆而造成吸入性肺炎。雖然不像有計畫的斷食，但實際上也在減少不必要的餵食或是營養給予，避免延長或增加病人的痛苦。

我聽過有信徒擔心斷食往生是餓死，將來會輪迴到餓鬼道，這是對佛法的一種誤解。佛法有云：「瞋心墮地獄，貪心墮餓鬼，痴心墮畜生。」是指貪財、貪名、貪利、貪色是墮入餓鬼道的業因。自古以來自然死亡者過程中都會經歷不吃不喝的階段，沒有墮餓鬼道之理。

另有信徒認為每個人有其「業果」要承擔，所以該什麼時候走，自然會走，不能用斷食往生的方法提早結束生命，否則他的業果會留到下一世繼續承擔。我的看法是現代醫療讓病人無法自然死亡，這些罪是白受的。斷食往生可以終止外來因素延長的痛苦。假如病人和其他家屬都同意，只有這位信徒家屬執意阻撓斷食往生的進行，我倒覺得是這位信徒的執念在替自己的此生「造業」，未來自己要承擔其「業果」。

林信男醫師是台大醫學院精神科兼任教授、臺灣基督長老教會臺灣神學院神學士，他也應邀在「醫病平台」發表他身為基督徒的看法[14]：

顧名思義，斷食（fast）就是不吃東西。英文早餐叫 breakfast，空腹血糖叫 fasting sugar，通常是與前一天晚餐後就不再進食有關。醫學上，為了某種治療或檢查而不吃東西稱之為「禁食」。斷食在宗教信仰上有悠久的歷史。基督徒為了重要事情斷食向上帝祈求，稱之為「禁食禱告」。聖經記載許多禁食禱告的例子。新約聖經記載耶穌開始他的傳道任務前，禁食禱告四十天。舊約聖經記載摩西上西奈山從上帝領受十誡前也禁食禱告四十天。為了向當權者抗議而斷食，稱之為「絕食」（hunger strike）。

過去我曾兩次面對要求我對斷食表示意見的困境。一次是美麗島事件被關在景美軍法看守所八位受刑人集體絕食，我們家屬被當權者要求去勸導他們不要絕食。另一次是一位朋友年過九旬之父親決定不再進食，家屬無法理解而送他住院。我受朋友之託及該醫院之要求，以精神科照會醫師的身分去探視那位老先生。老先生告訴我，他在這世上走一趟，該做、該看、該交代的事情都已完成，他的老朋友也都先後離世了。他覺得也該是他離開的時候了，他沒什麼遺憾與牽掛。經詳細精神檢查及評估，老先生並無任何精神疾病，因此我向院方報告，醫院似乎沒有可依據的理由去違背他的選擇給予強制灌食或補充養分。聽說老先生出院後持續不進食而辭世。

斷食善終是否符合基督教信仰呢？身為基督徒精神科醫師，我個人可以接受經審慎評估後進行的斷食善終。可是許多基督教信仰團體恐怕會以斷食善終是一種自殺行為而加以反對。所謂審慎評估，包括當事人做此選擇是經過一番思考，而非出於一時衝動。另外精神檢查排除其選擇是出於妄想或憂鬱症。基督教信仰視死亡為通往更豐盛、榮耀生命的通道。死亡是通向永恆的途徑。人在這世上的日子，算是出外旅行，最後總是要回家。

聖經說：「你們在世上是寄居的，是旅客。」（聖經新約彼得前書二章十一節）基督教初期最偉大的宣教師保羅說：「因為對我來說，我活著，是為基督；死了，更有收穫！可是，如果我活著能夠多做些有益的工作，那我就不曉得該怎樣選擇了。我處在兩難之間。我很願意離開這世界，去跟基督在一起，那是再好沒有了。可是為了你們的緣故，我更該活下去。」（聖經新約腓立比書一章二十一至二十四節）從保羅說的這段話，活著是為了能為基督多做些有益的事，特別是服務別人的事。如果預期未來顯然已無法為基督多做些有益的事，那選擇離世去跟基督在一起是很好的選擇。對於因其身體疾病已無法醫治並受盡折磨的基督徒，若期望藉斷食離世去跟基督在一起，我認為並沒有違背保羅所說這段話的精神。

廣義的說，斷食善終也可視為一種安樂死。目前許多基督教信仰團體認為安樂死觸犯十誡中的「不可殺人」誡命而加以反對，但也有持贊同意見的。二〇二一年剛過世的天主教神父漢斯・昆（Hans Küng），他是在神學和哲學界頗具影響力的學者。他曾先後多年以「符合人性尊嚴的死亡」（Dying with Human Dignity）[15]為題發表論文，認為安樂死並不違反基督精神。

他認為基督徒應當在信仰中尋求永恆的生命，所以他不贊同不惜任何代價也要堅持塵世生命。漢斯・昆認為上帝造人賦予生命，而當此生命成為「植物性存有」而失去人性尊嚴及價值，則是不合上帝旨意。此時主動將生命交還給上帝，絕非提前結束生命，而是幫助進入更有意義、真正的生存。漢斯・昆認為此種結束人在世上的旅程乃是一種「幸福死去」（Glücklich sterben）[16]。

他舉例說，在初代教會基督徒受到迫害的時期，受盡折磨迫害的基督徒便視自主選擇死亡為結束痛苦的方式，以免因為刑求而出賣教會同伴。漢斯・昆此種「幸福死去」的看法與聖法蘭西斯在其祈禱文所說的「在迎接死亡時我們便進入永生」（It is in dying that we are born to eternal life）不謀而合。

當疾病纏身，醫療已無能為力，預期將會進入失去人性尊嚴與價值的植物性存有時，斷食善終不失為可考慮的一種選項。面對此種處境，基督徒可一方面通過斷食預備自己的心，一方面跟上帝禱告祈求能早一日去和基督在一起。我認為這樣做是符合「禁食禱告」的教導，而不違背基督愛的精神。我這樣講，並不是在鼓勵推廣斷食善終，乃是表達「斷食善終」是一個選項。

其實也有少數人，雖處於「準植物人」的狀態，卻能轉化心境，費盡心力繼續做出一些有益人群的事到跑完這世上的旅程。一九九五年十二月，四十四歲的時尚雜誌 *Elle* 總編輯 Bauby，腦幹中風，全身癱瘓，不能言語，只剩下左眼能動。靠著眨動左眼，他一個字母一個字母地寫下《潛水鐘與蝴蝶》（*Le Scaphandre et le papillon*）[17]這本不尋常的書。出書後兩天，他就去世了。書中他說他的肉體就像被框在潛水鐘裡的身體動彈不得，但他的心卻能像蝴蝶般翱翔。

近年出版不少勵志小品文的基督徒作家施以諾的父親施達雄牧師的經歷也很激勵人。施達雄牧師因身體不好，必須靠呼吸器維生。此情況使他情緒低落到無法禱告、看書。有一份資料描述此種病人很容易變成一個只能「等吃」、「等睡」、「等死」的「三等病人」。

施牧師看了此資料，心裡難過，難道上天留他繼續活在這世界，就是等吃、等睡、等死嗎?雖然必須靠呼吸器，但他相信上帝讓他繼續活著必然有其理由。因此他向上帝祈求，求上帝繼續使用他，成為「等候」上帝聲音的「一等病人」。於是他開始恢復禱告、讀聖經的生活，並把所讀的心得與人分享。後來將那些文章集結出書，《心靈快餐》[18]就是這樣一本由戴著呼吸器的病人所寫的書。

能像上面所提的兩個例子那樣轉化心境當然是最好。但畢竟無法期待普羅大眾達到此境界。所以對選擇「斷食善終」者應予尊重，不宜有異樣的眼光。[19]

感謝賴其萬教授的邀約與編輯，讓幾位教授精闢的見解與論述為本書增加了深度和廣度。

也許不是所有教徒都認同兩位教授的見解，信仰的事情爭辯無益，只需要傾聽和溝通。不必將自身宗教的信條強加於其他人的身上，互相尊重，是最好的共處原則。

一、「斷食往生」緣起

註1—《大往生：最先進的醫療技術無法帶給你最幸福的生命終點》，中村仁一著，蕭雲菁譯，三采文化，二〇一三。

註2—黃林緞老菩薩唸佛求生淨土見聞記實（三十天斷食唸佛　意識清楚　阿彌陀佛不可思議），https://blog.xuite.net/apingchung/twblog/563115786。

註3—道證法師：廣欽老和尚臨終的慈悲示現，https://nianjue.org/article/56/564845.html。

註4—《弘一大師傳》，陳慧劍，東大圖書，二〇一四。

註5—《漢字日本》，茂呂美耶，麥田出版，二〇一四。

二、哪些人適合斷食往生

註6—《生死迷藏：善終，和大家想的不一樣》，黃勝堅，大塊文化，二〇一〇初版。

註7—《老衰死：好好告別，迎接自然老去、沒有痛苦的高質量死亡時代》，NHK特別採訪小組，三采文化，二〇一七。

註8—社團法人台灣生命教育學會病人自主研究中心「弱勢服務」網頁，網址：https://parc.tw/event-join/69。「病人自主研究中心」自二〇二〇年開啟弱勢創新服務方案，提供輕度失智者、罕病、身心障礙者簽署預立醫療決定的友善管道，包括媒合綠色通道醫院、經濟補助，個人化決策輔助、到宅預立醫療照護諮商（ACP）等等。

三、斷食往生是餓死嗎？

註9—《大往生：最先進的醫療技術無法帶給你最幸福的生命終點》，中村仁一著，蕭雲菁譯，三采文化，二〇一三。

《老衰死：好好告別，迎接自然老去、沒有痛苦的高質量死亡時代》，NHK特別採訪小組著，江宓蓁譯，三采文化，二〇一七。

四、斷食往生是不是自殺

註10—楊秀儀，〈從法律觀點看「斷食善終」：是「自殺」還是「生命自主」？〉，「醫病平台」，二〇二二年九月三十日，https://health.udn.com/health/story/6001/6637558。

註11—《二十一世紀生死課》，海德．沃瑞棋著，朱怡康譯，行路出版，二〇一八。

五、斷食往生的合法性

註12—蔡甫昌、邱子軒，〈永久植物人之終止人工營養與斷食善終〉，「醫病平台」，二〇二二年九月二十八日，https://health.udn.com/health/story/6001/6637429。

六、斷食往生的倫理與宗教探討

註13—木人，〈斷食善終之我見〉，「醫病平台」，二〇二二年八月二十六日，https://health.udn.com/health/story/6001/6549910。

註14—林信男，〈生死有時〉，「醫病平台」，二〇二二年八月二十四日，https://health.udn.com/health/story/6001/6549768。

註15—漢斯．昆（Hans Küng）是德國杜賓根大學神學教授，他與好友杜賓根大學修辭學教授嚴思（Walter Jens）分別於一九九六及一九九八合辦有關安樂死演講。後來一起出成書《符合人性尊嚴的死亡》（*Dying with Human Dignity*）。

註16—漢斯．昆於二〇一四年以德文出版《幸福地死去？》（*Glücklich sterben?*），收錄他二〇一三年八十五歲時與德國記者安娜．維爾（Anne Will）針對安樂死問題的對話錄，以及他在此立場上的各篇講話、文章，從神學的角度正面回應安樂死的種種問題。

註17—《潛水鐘與蝴蝶》（*Le Scaphandre et le papillon*），尚-多明尼克（Jean-Dominique Bauby）著，邱瑞鑾譯，大塊文化，一九九七。

註18—《心靈快餐》，施達雄，橄欖出版社，二〇〇三。

第六章

斷食往生個案整理分析

二〇二二年五月到二〇二三年三月的十個月中，共有五十位病人及家屬有斷食往生的需求與我聯繫。其中四十六位斷食往生，兩位因家屬拒絕無效醫療往生，兩位恢復進食。與我聯繫但最後家屬無法達到共識而沒有進行的至少有二十位以上。

有十一位老衰的病人整體健康情況近期內逐漸惡化，神識變差、身體癱軟、食物含在口中不吞或吐出或閉口不願意進食，有兩位是自拔鼻胃管，我與家屬討論取得共識以後，決議不送醫院，若有醫療問題尋求居家照顧的醫師來訪。共有七位女性、四位男性，平均年齡八十八歲（七十四歲至九十九歲），三位老衰（九十、九十八、九十九歲），兩位曾經罹患腦中風、三位有失智症、兩位帕金森氏症、一位有脊椎退化行動不便。病人不願意進食以後，家屬不強迫餵食，但是仍然提供食物，在曾經少量進食，最後完全不吃以後平均九點五天（六天至二十一天）往生。十一位都沒有嚴重症狀需要醫療處置，我負責提供臨終照顧的知識，家屬對病人症狀有疑問時，給予安撫與解釋。病人最後都神態安詳地離開，家屬對於長輩於家中親人陪伴下往生，感到安心，沒有遺憾。我主要的角色是安撫家屬，勸阻慌張想要將長輩送醫的家人，讓長輩在宅善終。

另有一位九十五歲腦中風、失智七年的老太太，六星期前得到新冠肺炎，快篩早就陰性，但是吃得越來越少，精神、體力都很差，整天只想躺在床上。我和家屬都做好病人可能臨終的準備，決定不送醫，但是仍然準備食物，老太太吃多少算多少。病人在兩週後服藥，咳嗽症狀改善，食慾慢慢恢復。又經歷一個月，竟然精神抖擻，恢復往日的食量和作息了。家人很感謝我的陪伴，我也感謝老太太當我的老師，原來新冠肺炎的恢復期可以這麼長，我們選擇不送醫院，請居家安寧團隊來訪視，幸運的竟然撐過來了。女兒很高興高齡的媽媽仍然健在！

有五位罹患退化性神經疾患（兩位帕金森氏症，一位漸凍症，一位頸椎脊髓病變，一位二度腦中風），因病情日益惡化，不堪臥床之苦，不想拖累子女而決定自主斷食往生。四位女性，一位男性，平均年齡七十五歲（六十二歲至八十三歲）。病人以哭泣、想去瑞士安樂死、服藥自殺、口頭表達等方式表示希望能夠早日解脫。兒女告知父母有斷食往生這個方法，經歷數週甚至數月的心理掙扎與討論後，家人取得共識。其中兩位是自行進行斷食約兩個月，遇到瓶頸才與我聯絡。那兩個月是因為家屬不捨或者病人有示意飢餓而未完全斷食，我探視了病人，告知要完全斷食、斷水才會離開。家屬重新確認病人想早日解脫的意願之後，病人的決心更加堅定，不再進食、進水，分別在六天、五天後往生。這是自主斷食最容易碰到的困境，若斷食持續太久，容易出現營養不良的情形。有一位瘦到二十八公斤，有一位胃造口鬆弛，食物會漏出，而需要重做胃造口。有兩位在執行斷食之前有跟我確認執行細節，第一週逐漸減食到完全不吃，水分等比例減少，接下來兩天只喝一百CC水分，然後盡量減少水分攝取，極度口渴或者服藥時仍喝少許水。分別於斷食後第十七天和第二十一天往生。有位七十一歲男性在兩年前協助嚴重腦出血的妻子斷食往生，自己二度腦中風只剩左手有動作，拒絕送醫，打算在家斷食往生。在獨生子的懇求下，送到急診檢查，取得診斷書，開始斷食，兒子請假在家陪伴，十三天以後往生。兒子有錄下父親意願表達影音，最大困擾是親戚輪番的勸解應該送醫，甚至請社會局來關心。

以上十七位是老衰、嚴重失能病人自主斷食，都是在家中進行。

另有七位癌症、心腎衰竭、心臟病合併腦中風病人因為難以忍受的疼痛，決定自主斷食。一位乳癌末期（六十七歲女性）決定斷食以後情緒和睡眠都改善，八天後前往醫院移除胸導管，突然呼吸窘迫往生。一位大腸癌末期（五十八歲女性），因腸阻塞住院，停止人工營養以後，身心放鬆，四天後在家中安詳往生。一位五十五歲男性，直腸癌五年，多處轉移，因嚴重疼痛在安寧病房接受疼痛治療，舉辦線上告別式說出所有想說的話，不吃不喝三天以後安詳往生。有位七十五歲男性罹患食道癌，斷食五十五天後，他的兒子與我聯繫，我建議要停止飲水，又經九天在宅善終。這位因減食的速度太慢，又沒有斷水，所以整個過程長達六十四天。

有位八十五歲一生很陽光的老先生，因為心臟與腎臟衰竭住進加護病房二十天，出來普通病房時身上多了鼻胃管、血液透析管，病人痛苦不堪，控訴：「我是人，我不是畜生，你們不要這樣凌虐我，讓我回家。」病人不想醫了，但是醫師不放棄。答應讓父親洗腎的女兒，後悔不已。照顧的兒子不忍心父親受苦，趁著鼻胃管阻塞要替換之時，堅持拒絕再插。移除鼻胃管以後，老先生就平靜了，也能安睡，不吃不喝五天後進入彌留狀態，要求回家。回家三個小時後，在家人的念佛聲中含笑而終。兒子慶幸父親的最後五天身上沒有管路、回到家中，平靜、安適、有尊嚴。

有位六十四歲女性，心臟病二十餘年換過心臟人工瓣膜，周邊血管病變，生存意志低落。嚴重腦中風後表達活著太痛苦，自行移除鼻胃管，家屬尊重其意願，在斷食二十天後安詳往生。八十七歲男性，因為呼吸急促插管住加護病房搶救，診斷心腎衰竭合併胸水，因年歲已大，拒絕放心臟支架的建議。兩個月後，出現同樣症狀，病人拒絕住院，過程中有喘、嘔吐、咳嗽等症狀，雖有居家醫療醫師訪視，家中有子女是醫師，但是無法完全緩解症狀。最後一週以上症狀改善，但有躁動現象，於停止進食後第二十二天過世。他是這組病人中臨終過程最辛苦的一位，與他所罹患的疾病有關。

一位六十歲女性八年前診斷出薦椎和骨盆的脊索瘤，曾經接受四次腫瘤切除手術，三年多前醫師判定腫瘤太大，無法再手術。因為腫瘤壓迫以及神經損傷，病人雙下肢無力且有嚴重神經痛，無法站立、行走。仰臥、側臥、坐著都會壓迫到腫瘤引起疼痛，因此這三年多來只能二十四小時趴臥。我當醫師四十多年，第一次看到這種辛苦的案例。她說每天都在哭，晚上睡不著，嗎啡沒有效，腫瘤痛、神經痛、趴著壓到的地方痛，長期用雙手撐起上身造成肩膀、手肘痛，膝蓋、腳踝都趴得變形也痛。她自己決定斷食往生，先生、女兒心中雖有不捨，但也不忍看媽媽這麼辛苦，尊重她的決定。她減食將近兩個月，跟我通話還是很有精神，以為她年輕、身體底子好，所以撐這麼久。有一天，她打電話給我，電話那頭她不停哭泣，說很痛、一整晚沒睡。我問哪裡最痛？她說：「前胸、恥骨、膝蓋。」這是趴太久局部壓迫的痛，並非腫瘤痛，我的復健魂才突然清醒，問她：「先生和看護沒有常常幫你抬抬身體，讓局部血液循環改善？」她說：「有啊！還是痛。」我建議假如仰臥、側睡都會痛，有沒有辦法用些小枕頭、被子，讓身體側四十五度斜躺，左右輪流。我打電話給他先生，希望他請假多陪陪太太，也請他通知女兒多回來看看媽媽（她是唯一一位自己和看護兩人在家斷食的，而這位看護總是在忙別的）。我因此聯絡了剛認識的當地居家護理所來收案。

居家醫療團隊帶來墊子協助她找到一個可以仰臥兩小時的方式，中醫師開藥、針灸止痛效果不錯，護理師指導看護讓病人每天在輪椅小坐幾次，還有做精油按摩。幾天後她決定恢復進食了。前一年，她也斷食過一次，後來因為朋友的鼓勵以及好意介紹了許多方法，又恢復進食。這位病人住在南部，我只去拜訪過一次，檢討起來她的自主斷食需要像美國這樣有安寧緩和科醫師、身心科醫師、心理師、社工師、復健醫療等團隊作數次的評估，進行過程也要有團隊的陪伴。這是一個自主斷食失敗的例子，但是是一個很好的教案，提醒我要更審慎，需要更多團隊幫忙，這也是我在努力的目標。雖然斷食失敗，結果卻是值得慶幸的好事，挽回寶貴的生命。後續的功課是轉介輔具師與治療師，希望找到可以仰臥以及坐立時間更長的床墊和椅墊，並訓練雙上肢的力量。若可以坐輪椅出門，相信生命的意義將更豐富。

一位八十二歲女性，中風臥床五年，因肺炎住院，另一位九十二歲女性，失智十三年、臥床八年，因尿路感染住院。兩位病人的子女不忍長輩受苦要求醫師撤除鼻胃管讓母親善終，醫師拒絕。家屬拒絕所有的積極治療如輸血、抗生素、洗腎、點滴注射等，兩位老太太分別在第九天和第八天之後往生。

最後這一組是無語言溝通能力、生活無法自理、癱瘓臥床者共二十三位。未成年者兩位，都是出生時即嚴重腦缺氧、全身癱瘓，七歲女孩在家斷食第十九日往生、三個月大男嬰在家斷食第十三天往生，他們的主要症狀是發燒、癲癇、有痰，需要的醫療是施與退燒貼片、抗癲癇藥物與用棉棒清除痰液。成人有七位女性、十四位男性，平均年齡八十歲（六十歲至九十五歲），一位嚴重腦外傷、兩位帕金森氏症末期、五位失智症末期、九位嚴重腦中風、三位失智症合併腦中風。

六位在安寧緩和病房撤除鼻胃管十天（六至十四天）後往生、四位在護理之家漸進式斷食、斷水後平均十七天（十五至十八天）後往生、十三位在家中進行漸進式斷食、斷水平均十五天（九至二十六天）後往生。在家斷食往生的十三位當中，有六位有居家安寧團隊協助（我有加入照顧群組追蹤），其他七位全程由家屬陪伴，我提供電話諮詢。過程都很平順，少數個案有尿液混濁、發燒、躁動、有痰、呼吸喘等症狀，用到的醫療處置有鎮定劑、精油按摩、退燒藥、抗生素、膀胱沖洗等。

以上五十位中，二十五位屬於自主斷食（兩位恢復進食），佔人數比例一半。少數自主斷食者因為有較明顯的飢渴感受，且受本身疾病影響，有各種相關的症狀，過程相對比較辛苦。也常因為家屬不忍心病人飢渴，導致過程超過兩個月。無清楚意識的二十三位，斷食過程相對平穩，斷食速度進展較快，平均臨終期間較短，個別差異也比較小。

每一位病人和他們的家屬（陪伴者、照顧者）都是我的老師，分享這些經驗，相信他／她們也可以成為讀者們的老師。教導我們老病死以及善終的觀念和知識。感恩！

後記

這是一場需要大家合作的社會運動

在陸續陪伴斷食往生個案的過程中，我發現需要再寫一本書，因為每個案例都有豐富的情感流動，家屬的需求與困境日益清晰，這些經驗顯然可以幫忙更多的人。執筆以後，不斷有新的個案提供不同的故事和啟發，促我完成此書。既然要寫書，我當然要作更多的功課，很幸運的遇見許多寶貴的國內外著作，豐富了本書的內容。

賴其萬教授非常支持我推廣善終文化的理念，邀請專家為文，賦予我許多力量與信心。常佑康醫師是第一位邀請我演講的醫師，不但如此，還以「拒絕人工營養的臨床現場」為題多次在學術研討會中作專題演講，提供許多寶貴的國外資料給國內醫師參考，並引用演講內容為本書寫序。長期呼籲停止無效醫療的吳育政醫師，在重症醫療現場服務多年，分享了幾個發人深省的案例，提供國人和醫界反思。

國內有這麼多的無效醫療和數十萬人長期臥床，一個影響深遠的因素是「死亡的禁忌」，我閱讀了生死學書籍，也參加了羅耀明老師的「正念生死學工作坊」，更深刻體悟到直視死亡，才能活得更好。謝謝羅老師以生死學專家的角度分享他對斷食往生的見解。

深深感謝多位服務於醫院安寧緩和科或居家醫療的醫師，給我許多專業的指導與建議，也提供轉介的病人及家屬最專業又溫暖的服務。另外有台中全程安寧居家護理所程子芸護理師和全國各地的數十家居家護理所團隊給予大力支持，是推廣在宅善終最重要的後盾。雖然素未謀面，我遇見這麼多志同道合的專家幫忙，真心感到歡喜。國內各地有更多醫師及居家醫療團隊也在崗位上提供善終的服務，雖然不認識他／她們，在此向他們致敬。

一位因承受壓力而暫時停止「無管安寧善終」工作的安寧緩和科醫師對我說：「面對來不及簽署醫療決定書，就成為昏迷無法自理的長照病人，他們的後續照顧問題、家屬如何代理提出不施行維持生命治療、人工營養議題，是台灣社會需要共同面對的。路途雖然坎坷，相信峰迴路轉，我們之後還是會摸索出一條通往目標的路來。謝謝畢醫師打前鋒，開創一條路出來是最辛苦的。」（註：我其實是受到幾位真正打前鋒醫師的啟發。）

一位家屬有這樣的感慨：「細嚼慢嚥消化『斷食善終』的觀念，才更明白這是順應天道，老天爺沒有設計任何動物，不能吃、不能翻身，還強餵食物延長生命的。人類不該受這種罪。」

台灣就要進入超高齡社會，失能臥床病人比例在世界上名列前茅，許多民眾已經覺醒，我們需要政府有效的決策以避免過度和無效醫療，更需要醫療界改變「救人救到底」的舊習，把「病人的善終」也作為醫療行善的目標之一，如此，不但是拯救了病人和家屬，也是為國家、社會謀福利。

六十年來醫療科技的進步和全民健保的福利，創造了生機，卻也剝奪了人們的善終權。我在此呼籲拒絕無效的醫療、允許自然死亡，回歸傳統無不當介入的壽終正寢，讓亡者善終，生者善生。善終即是善生。

附錄一

重症醫療現場

吳育政／大林慈濟醫院麻醉醫師

畢生大願，盼你參與實現

二〇二〇年，畢醫師的母親長年罹患小腦萎縮症，決定在家中進行自主斷食，三週後安詳離世。畢醫師全程陪伴母親經歷後，深感眾生飽受末期醫療折磨之苦，自然善終難以落實。於是，她發願推廣善終，執筆完成《斷食善終》一書，大受好評。此後，許多受困的病人和家屬陸續找她求援，她總是盡心竭力幫忙，讓其達成自然善終、平和往生、生死兩安。

隨著累積案例的增多，畢醫師決定再次動筆，用宏觀的視野，旁徵博引，匯總實例，完成這本體系完整、說理清楚的書——為眾生釋疑解惑，為自然善終奠定根基。

末期病人和家屬想求自然善終，往往親情難捨而猶豫不決，又恐被說不孝而有所顧忌。讀完本書後，你若能有所領悟，有機會時起而力行，幫助家人或他人自然善終。唯有你的行動，畢醫師的大願方能實現。而後，分享你參與的故事造福眾生，一傳十，十傳百，久而久之，自然善終就是理所當然、基本人權、天經地義。

在看書和行動的中場休息時間，我穿插一章「過場」作為點綴，這章是講幾個從生到死的過場故事。這種過場是人生最後的課題，充滿悲喜交集和千變萬化，但又沒有標準答案。所以，有些病人平和善終，有些飽受折磨；有些家屬欣慰送行，有些遺憾終身。作為本書的過場，我想和你分享這些故事。

黃道吉日

二〇〇六年十二月十九日，病人原本在外面醫院接受治療，家屬要求轉院，入住彰化基督教醫院加護病房後，我是他的主治醫師。

二十六日，我看著病人和呼吸器。七十八年的歲月，人老了、髮白了、肺差了，這是光陰的痕跡。病人經過一週的治療，轉院過來的主要問題肺炎與敗血症，大致痊癒。但經過疾病的破壞，及每天二萬次的呼吸器輔助呼吸，肺也變得更差了。從呼吸器的參數看來，大概很難脫離呼吸器。

二十七日，病人做腦部影像檢查，入院時已有外院帶來的電腦斷層片，所以用核磁共振再次評估。影像顯示有多處梗塞，導致意識不清。病人不知今夕是何夕，光陰不再流轉。每天灌食，翻身，抽痰都要靠別人照顧。

二十八日，加護病房晨會，討論加護病房住院超過七天的個案。我說病人診斷明確，治療適當，預計後天開家庭會議，做出決定。加護病房的病床是有限的資源，我希望能做最有效的利用，不希望有其他病人因為等不到病床，錯失治療時機，造成遺憾。

二十九日，加護病房探視時間，家屬來看病人，病人依舊昏迷。我告訴家屬，明天早上九點，親朋好友要盡量出席會議，越多越好。

三十日，加護病房討論室，家屬都到齊了。我開始說明病情，病人已經年老體衰，意識不清，經歷二週的積極治療，仍需要長期依賴呼吸器。有二個選擇給家屬決定：保持現狀，下轉呼吸照護中心；或帶病人回家，移除管路，自然往生。

然後，我說發言規則如下：首先，講話者必須負責，不然沒有在照顧病人者常常表達救到底，無盡的孝意；其次，家屬要以病人的最大利益來想，而不是站在各自的立場發言。如果不先把規則講清楚，任由家屬隨意發言，可能變成一場災難，沒有結論收場。

接著，家屬開始提問和發表意見。二十分鐘之後，家屬達成共識，三天後帶病人回家。

二〇〇七年一月二日，病人的家屬把家裡布置好了，要帶病人回家，來辦出院手續。家屬告訴我選擇這個黃道吉日的原因——病人是領終身俸的榮民，半年俸今天已經入帳。隨著護理師將病人送上救護車，光陰不再停滯，外面陽光燦爛，今天的確是個黃道吉日。

一月三日，家屬來開死亡證明，告知昨天病人返家後，拔完管路，隨即安詳過世。

生老病死，花開花落，順天應命，千古不變。

歲月靜好

二〇〇七年八月十七日，他剛滿十五歲，是在機車後座的被載者。機車與汽車相撞，他被救護車送到急診室。

到醫院時，沒有呼吸心跳，渾身是血。醫師緊急做氣管插管及心臟按壓，十分鐘後心跳恢復，接著做相關檢查。診斷是，到院前心跳停止、腦出血、頸椎斷裂、大腿骨折。而後送入加護病房治療。

九月四日，做大腿骨折復位固定手術。

九月五日，做頸椎固定手術。

九月十一日，轉入呼吸照護中心。

九月十七日，做氣切手術。

十月五日，轉入慢性呼吸照護病房。

二〇一〇年一月十一日，因肺炎、敗血症，病情惡化，轉入加護病房。

二月一日，他過世，住院八百九十九天，仍是未成年，始終昏迷不醒，始終依賴呼吸器維生，光陰流逝，歲月靜好。

人間地獄

二〇一九年十二月收到一封來信，照刊如下。

吳醫師你好：

冒昧來信打擾。我是護理師，以前在學校讀書時，看過你與陳志漢導演合作的紀錄片《一念》，內容一直深刻留在心中。而在畢業後，恰巧來到一間地區醫院的呼吸照護病房工作。

幾個月來，我照顧使用呼吸器的病人，才知道吳醫師筆下所說的，比無期徒刑還可怕的住院真實樣貌，正存在於此時此刻。但我發現另一件更難過的事，不論病人是否表達過任何意願，這個病房仍在給予過度積極治療。

例如，過度點滴的給予。病況極差的病人，理論上應該要限制水分，適量點滴進出管控；但在現實照顧中，因為困難施打靜脈留置針，所以任何一班護理人員，都不願意關掉點滴，避免工作上額外的麻煩，甚至是私自過量給予，只為自己方便。

因此，病況變差的病人會開始全身水腫、多重抗藥性細菌感染、不斷使用抗生素、不斷被打針；可能連一個月都不到，水腫使體重上升多達二十公斤，皮膚緊繃得像個氣球隨時會被戳破，身上常見各種水泡及破皮。

儘管如此，在積極治療感染的情況下，我們這裡很少用中心靜脈導管，而且沒有人願意替病人計算一日輸入量（只記輸出量）。所以不管病人變怎樣，變得早已不是他原先的樣貌，走向生命的終點，成為習以為常的一件事。

然後，一個接著一個病人，重蹈覆轍。

至於在病房裡還有少數清醒的病人，卻成了大家所認為的「超級麻煩人物」，因會有生理需求提出意見（拍手、拍床、拔管），更容易被醫護人員討厭。

理論上來說，這些病人不是更需要關心和照顧嗎？怎麼他們的名字成了「麻煩」、「討人厭」、「專門找碴」的代名詞，這點是我至今最無法接受的。

希望自己未來也有機會，去改變這些過度無效醫療的鬧劇。而關於吳醫師在紀錄片中提到的「在這呼吸照顧病房裡面，靠著呼吸器維生，到底是清楚的人，還是不清楚的人比較可憐？」我的心裡已有答案。

謝謝吳醫師站出來，在這項議題的文章撰寫，以及在紀錄片裡的分享，給予我許多省思與啟發。

我的回信如下。

林護理師你好：

收到你的來信，非常感動。生命常在一剎那消失，人生無常，千古不變，樂天知命故不憂。

當初拍紀錄片《一念》的初衷，源自於目睹呼吸照護病房的病人，處在人間地獄，對生命的悲憫。一如你的感受體會，生命的尊嚴蕩然無存，對醫院就是一台台的印鈔機，對醫護就是工作謀生的工具。

這些病人本應順天應命，尊嚴舒適自然往生西方極樂。但是，人性的貪婪及健保的濫用，靠機器維持呼吸與心跳，讓他們變成活著的死人（雖然活著，卻什麼也幹不了），醫療是折磨，清醒是更加痛苦。我心想如果能夠拍片放映之後，減少一些活死人，此生行醫就無遺憾了。經歷三年的拍攝製作，我的一念總算完成。

你的無奈徬徨，我能感同身受。愚人之見僅供參考，在適當時機離開呼吸照護病房，或許哪一天，能跟大家分享你的所見所聞。一點一滴的努力，總有一天，我們會消滅人間地獄，不再有活死人的存在。

祝　早日看到隧道盡頭的光

標準流程

二〇二〇年一月十五日，收到一封來信，信中所說的醫療過程、醫護作為、家屬困境，近乎很多人經歷的標準流程，文章很長，照刊如下。

吳醫師您好：

我住在台北，家母在一〇八年十一月二十四日半夜，因發燒、呼吸喘不過來，送到醫院急救。妹妹通知我已經是早晨了，我趕到急救室，她已經被插管，等待送入加護病房。因為插管，手被綑綁，怕她去拔掉管子，但母親因為很痛苦，一直想伸手去拔掉管子，當時她還意識清楚，試圖要我們幫她拔掉管子。

我想起七年前，她腦中風時曾跟我說過，寧死不要插管急救。所以就跟護理師說了三次她的意願，但護理師說是爸爸同意插管急救的，因為那時只有他在現場，所以同意書是他簽的。

中午等到加護病房，醫師說母親是急性菌血症，必須住加護病房治療。後來病況較為穩定，但因為她曾經中風，肌力不夠，身體虛弱，所以呼吸訓練一直沒辦法通過，無法脫離呼吸器。

在加護病房住了十八天後，十二月十一日轉到亞急性呼吸照護病房，隔天，母親在護理人員幫她清潔身體時，自己用左手（沒有受中風影響的手）把呼吸管拔掉。醫師說她狀況還算可以，所以就改戴全罩式氧氣罩，繼續作呼吸訓練。

呼吸器不用之後，我覺得母親的精神越來越差，去探病時，叫她醒來，她總是睜眼看一下，就又昏睡了，有時候甚至是叫不醒她。護理師說她偶有醒來，可能是在病房二小時就要翻身，睡不沉，所以會這樣。等轉到普通病房可能會好轉。

十二月二十七日母親轉入普通病房，但仍插著鼻胃管、氧氣管（不用氧氣會喘）、尿管（怕她大小便失禁，會容易感染），她的意識不清楚，也沒辦法清楚表達，整天就是昏睡。

十二月二十八日她發燒了，主治醫師解釋病情說，她可能因為提早拔管缺氧或敗血症等使腦部受損，加上她之前腦中風過，所以陷入意識不清。有八成機率不會復原，極有可能就是維持這樣的狀態：意識不清、臥床、無法脫離鼻胃管、氧氣管、尿管。他還問我們若再有需要插管，我們是否要急救？我說不要再折磨她了，所以簽了「不施行心肺復甦術或維生醫療同意書」。

後來她打抗生素退燒了，一週左右，維持同樣狀況，醫師說她大致上就是無法復原，若再有感染等急症發生，就不要再急救，因為再救回來也是植物人。

我問醫師說，那她要一直插著鼻胃管嗎？醫師說也只能如此，因為她的病況雖然複雜（腦中風、糖尿病、高血壓等），但生命跡象算穩定，所以也不能拔掉鼻胃管、氧氣管、尿管，讓她餓死。

我心裡覺得很難過，遺憾當時沒來得及阻止插管。現在的她意識不清、插著管子、抽痰、拍背、大小便失禁，這樣活著一點生活品質也沒有。

十二月三十一日我看了紀錄片《一念》，內心真的感觸很深，也非常認同，如您所說「救活病人，卻把他推入人間煉獄」。我的母親沒辦法好起來了，之後只能躺在那裡靠鼻胃管灌食，沒有什麼意識、活受折磨，我不曉得這樣的生存有什麼意義？但也無能為力。

因為有糖尿病，家母身上的傷口一直好不了，臀部、大腿開始出現水泡（約五十元硬幣大小），醫師說是慢性病人因為營養不均衡而造成的，而且她的免疫系統不好，所以會這樣。

一月十日家母做下肢血液循環檢查，主治醫師說她的下肢血管都有栓塞，以後可能要截肢，不然會引發敗血症。我問如果她意識都不清了，為什麼要做無效醫療？醫師也認同我的看法，我又進一步問「是否可以讓她接受安寧緩和醫療？」醫師說她可以符合，會請安寧病房來評估。

一月十三日安寧病房護理師來和我們會商，但護理師認為家母還未完全符合安寧醫療的條件，只是「擦邊球」，而且沒有危及性命的急症（血壓、白血球等檢查都算穩定），所以只能申請安寧共照。我問可以讓她拔除鼻胃管嗎？她說不行，因為家母沒有事先簽署「預立醫療決定書」，所以沒辦法遵照病人自主意願拔管。但我重複她不願插管的交代，護理師說，根據醫療倫理，我們不能拔除鼻胃管；除非妳把母親帶回去，自己幫她拔管。

寫到這裡，心裡非常無助，我想我是救不了媽媽了，也不能讓她早點解脫。期間，我考慮過無數次要不要寫信給您？我想除了唸佛，求佛菩薩，還是想有點積極的作為。母親到了「求生不得，求死不能」的地步，我還能做什麼呢？

一月十五日召開家庭會議，主治醫師、安寧病房主任、安寧護理師和我們討論家母後續事宜。主治醫師說她目前病況穩定，但因安寧病房健保只給付十四天，所以建議我們先出院。鼻胃管部分，他不建議撤除，因為雖是末期病人，但不知何時抵達生命終點，不要把她活活餓死。而且母親意願的不插管，指的是氣管內管，並不是鼻胃管。

可是安寧病房主任說，過去沒有鼻胃管，人不能進食，很自然地就回去了，若考慮撤除鼻胃管，就把餓死放在很後面考慮。要不要撤除，我們可以自己做決定。

安寧護理師則勸我們，目前她不會在兩週內往生，所以先到護理之家照護，等到下次她病情再惡化，也許就是她的時候到了，或許就能住進安寧病房了。

最後，要不要撤除鼻胃管的決定權彷彿又回到我們手中，主治醫師說讓我們考慮到週五，最晚週六回覆。

我和妹妹回到病房，母親因為這幾天有輸血、打類固醇而清醒多了，她稍有意識，就想盡辦法要扯掉鼻胃管，所以手又被綑綁，但她仍想掙脫束縛。我看了很難過，但護理師說那是病人的反射動作，並非是真的想拔除鼻胃管。

我又陷入兩難，不知道要怎麼決定？不管我做什麼決定，母親已經倒數計時了，我能做的非常有限。但我真的不想讓她臨死都還要被綁著手，那該有多恐懼啊！只是，如果我決定讓她撤除鼻胃管，真的是讓她活活餓死嗎？

還是下決心寫信給您了，想聽聽您的建議。不論如何，要先謝謝您所做的一切。您默默地鼓勵了我，也給我很多安慰，讓我有勇氣和想法走到這裡，人世無常，盡力而為，至少我有努力過，也就沒有遺憾了。

最後一段寫信給我，不是標準流程。收信當晚，我的回信簡明扼要如下。

王小姐妳好：

病人已到末期，延命醫療只是增加在人間煉獄的時間。

出院回家，撤除鼻胃管，順其自然，千百年來就是如此，不足為奇。有問題直接打電話給我。

因此，不再走標準流程了。一月十九日王小姐帶母親回家。一月二十六日全家人陪伴在旁，母親往生西方極樂。

大捨大得

二〇二〇年十二月二十六日下午三點，一名五十歲的男性被救護車送入大林慈濟醫院急診室。隨車人員說，病人剛才在工地工作時，感到手麻腳麻，接著突然倒地昏迷。生命徵象是心跳77，血壓219／103，呼吸次數14。病人原先身體健康，沒有慢性病或特殊疾病。

因為意識不清，急診醫師立刻做氣管插管及腦部電腦斷層，診斷是腦幹出血的腦中風。在會診神經外科醫師之後，將病人轉入加護病房治療。

二十七日早上，加護病房會客時間，神外醫師告知病人的父母親及弟弟，病情非常嚴重，腦幹出血無法用手術處理，死亡率極高；如果過關，活下來的話，最好的情況就是植物人，不可能清醒。醫師要家屬回去討論後續如何處理，對病人最好。

二十八日早上，家屬經過一天的考量，認為病人本身絕對不想昏迷不醒、依賴機器、毫無尊嚴的存活。所以，請求醫師撤除維生設備，讓病人順其自然往生；並且希望能夠在心臟停止死亡後，捐贈器官。

神外醫師頗感驚訝，再次確認意願之後，通知醫院器捐小組啟動。即刻上傳相關資料到器官捐贈移植登錄中心，務必盡快配對成功，找到適合的受贈者，完成家屬大愛永存的心願。

二十九日下午，確定有一位等待肝臟移植及兩位等待腎臟移植符合配對，移植醫院連絡他們立即住院，做手術前的相關準備。

三十日中午十二點，大林慈濟醫院手術室，重症醫師、麻醉醫師、外科醫師們及相關人員都已經到齊，室內微冷夾雜希望的氛圍，病人正躺在手術台上。

重症與麻醉醫師再次確認病況後，移除設備管路，十分鐘後，心跳停止，再經過五分鐘的等候觀察期，宣布死亡。外科醫師們迅速下刀，灌注器官保存液，盡力保持器官品質良好。下午二點，器官摘取完成，火速送往移植醫院，今晚是個不眠之夜。

三十一日凌晨，肝臟衰竭瀕死者重獲新生，腎衰竭者自此不必洗腎。今晚是跨年夜，能夠好好活著就是幸福，能夠好好善終也是幸福。

回顧這個故事的歷程，醫療團隊坦誠告知病情預後，家屬做出抉擇，讓病人得以順天應命，自然往生，造就末期醫療者的大捨；同時決定將可用的器官留下給需要者，成就器官受贈者的大得。

唯有大智慧者才能大捨大得，做到停止無效醫療，捐贈器官造福他人，這是「生死兩安，醫療極致」的巔峰，也是完美的過場。

註一　從這些案例中，可以看見許多醫護人員並未覺知到對末期病人施予人工餵食，是一種「醫療處置」，屬於「無效醫療」的範疇。他們反而被「不吃會餓死」的框架緊緊綑綁，而無法判斷怎麼做才是對病人最有利的。所有的自然死亡都是不吃不喝走的，這點要加強教育。給臨終病人點滴、灌食有違醫理。

附錄二

陪伴者的心聲

一、女，八十三歲，帕金森氏症七年／長女　王盈晰　為文[1]

媽媽說過：這輩子寧願做到死，不要病死。

然而事與願違，可憐的媽媽在二〇一五年被診斷出帕金森氏症。失去平衡，常常跌倒，喜歡到處趴趴走的媽媽漸漸的無法自主生活。衣食住行需要仰賴別人的幫忙。到了末期，無法清楚的表達，肢體功能退化至完全的失能。清楚的意識，靈魂被禁錮在肉身當中。

潔癖的媽媽，穿尿布不舒服，抱到馬桶上坐，卻尿不出來。餵食食物無法吞嚥，刷完牙說肚子餓。流質的食物用滴管小心的餵食，還是常常嗆到。堅持尊嚴的活著，堅決不插鼻胃管。

照顧媽媽的過程，聽聞爸爸摯友的太太因為癌症化療太痛苦，自行絕食七日而亡。二〇二〇年八月看到畢柳鶯醫師的網路文章，畢媽媽斷食結束生命。我在日記寫下：對於準備下車的媽媽，我準備好了嗎？

媽媽天天告訴我：有個印度王子要他做功課。不斷看見往生的親人，叫我開門讓爸爸進門吃東西。

媽媽多次脫肛，鬼門關前徘徊。二〇二一年一月用感恩餐會的名義為媽媽舉辦一場生前告別式。所有親友齊聚，回顧母親的一生。

媽媽有很強的生命力，我和妹妹白天工作，晚上照顧媽媽，免疫系統都出了狀況。為了不拖累我們，媽媽堅決去住安養院。

住安養院期間，跟媽媽聊起斷食善終的概念，媽媽很猶豫。疫情大爆發，很長時間無法看到媽媽，我假藉送營養品偷偷溜進去看媽媽，站在門口的我，聽到媽媽不停地哭泣，心如刀割。安養院的看護說：阿嬤常常哭。我知道，那是媽媽的靈魂在求救。

身為一個頌缽師，透過頌缽分享幸福傳遞愛，我自問：女兒這個一輩子無法辭職的職務，我是否稱職？再讀一次畢醫師寫的《斷食善終》，我跟媽媽立了生死之約。

五月一日留職停薪，接媽媽回家，孩子回來看阿嬤。幫媽媽洗澡的過程，媽媽大哭要回天家。天未亮常常是讓媽媽的哭聲叫醒，幫媽媽頌缽，減輕疼痛穩定情緒。

讓媽媽吃少一點，媽媽無法言語，基於本能，會摸摸肚子表示餓，媽媽聰明了，知道我有計畫的減食，會找妹妹要東西吃。

五兄妹開家庭會議，大哥說希望安樂死，但是法律跟不上社會的腳步。弟弟知道媽媽受苦很久，希望媽媽早日離苦得樂，尊重姊姊照顧的方式。二哥說：為人子女，餓死媽媽，天理不容。弟弟說：那二哥你來照顧媽媽幾天看看。

就這樣，媽媽的斷食善終，走三步退一步。我的心裡很糾結，我是愛媽媽還是愛自己？媽媽同意斷食善終，是真的嗎？還是只是想回家的權宜之計？

長輩若知道我為媽媽斷食善終，會不會認為我大逆不道？妹妹是最關鍵的人，她照顧媽媽最久，媽媽是她的精神支柱，明知道斷食善終是讓媽媽離苦得樂最好的方式，但是，她捨不得。

進入身心靈世界多年，我總是跟阿彌陀佛說，請幫助我，讓很多善知識及貴人在身邊。宜蘭通靈老師說：媽媽不想拖累我們，她無法自己斷食，若繼續住在安養中心，會拖更久，謝謝我為她做的一切。

在我內心交戰快要撐不下去的時候，想到畢醫師。六月二十八日透過臉書聯絡到畢醫師，她在電話裡肯定我是孝順不是殘忍。答應第二天要來看媽媽。

當天下午外出參加活動時，妹妹來了電話，來訪居服員說媽媽痰很多、發高燒，很可能是肺炎，最好馬上送醫院。我擔心送醫院就前功盡棄，求救畢醫師。畢醫師立刻趕來家中探視媽媽，判定完全無肺炎跡象。畢醫師帶來真正的斷食善終知識，安撫了妹妹跟我的不安，也讓媽媽的靈魂昇華到真正放下。

七月一日畢醫師再一次來看媽媽，強調需完全斷食，只用棉棒給少許的水。妹妹再問媽媽：真的願意斷食善終嗎？彷彿迴光返照般，媽媽清楚的點頭示意。這一刻，我心中沉甸甸的石頭真正的放下了。

七月五日上午，媽媽走完了人生路。遵從媽媽的囑咐，八小時不動身體。我們有足夠的時間，聯絡親人，舅舅們及兄弟姊妹一起為媽媽誦經，做最後的陪伴。無悔無憾！

祝福媽媽，自由自在的翱翔天地，沒有肉身的束縛。
感恩推動斷食善終的畢柳鶯醫師！
給努力而勇敢的妹妹以及自己掌聲！

註1－王盈晰，〈陪伴母親斷食善終的心路歷程〉，「醫病平台」，二〇二二年八月十七日，https://health.udn.com/health/story/6001/6532835?from=udn-search_ch1005。

二、男，八十三歲，嚴重腦中風四個月／長子　林俊男　為文

爸爸中風後在加護病房尚未昏迷前，插著管，他用盡全身力量要講話，卻發不出聲音，但是我知道他要跟我說「不要救」，這是他的生命價值觀。隔天面臨是否緊急做開顱減壓手術，不捨得爸爸昨天還健在，期待有機會康復，我還是違背了爸爸的意願簽了手術同意書。手術後的第一個月昏迷指數都維持在三分（瞳孔對光無反應、眼球無法動、疼痛沒反應、刺激支氣管沒有作嘔或咳嗽反射）。

這段期間鼻胃管餵食無法消化，反覆吸入性肺炎、尿道感染、褥瘡、靜脈炎、多次血氧濃度降至八十左右。不間斷的抗生素、輸血，各種不知名的藥物維持著爸爸的心跳、血壓、血氧等數值。爸爸完全昏迷，護理師多次要家人預做準備。

一個月左右爸爸奇蹟地睜開左眼，觀察數天後，發現都是在抽痰作嘔的狀況下，才會睜開左眼，幾分鐘後，再度昏迷。爸爸成了重度中風全身癱瘓，無法言語，睜眼無意識的狀態。之後醫院通知家人，爸爸要轉到外部機構，氧氣的要求是6L/min，護理之家成了唯一選擇。

爸爸到護理之家後，肺炎、靜脈炎、尿道感染、褥瘡（屁股部位直徑達八公

分）等等都更為嚴重。每天晚上，擔心爸爸是否血氧下降，手機都不曾關機。這段期間腦子裡都是爸爸被抽痰、睜眼無意識、身體抖動的痛苦影像。也不停地埋怨自己，爸爸已經七十九歲，為何還要同意開顱手術。

某個晚上無法入睡，無意間看到畢醫師斷食善終訪問影片，當晚覺得是重要訊息，但也有許多疑問。或許是太累了，趴在桌上睡著了並夢到爸爸，夢裡爸爸對我微笑，沒病沒痛。我問爸爸，媽媽上個月髖骨骨折需要照顧，要如何幫你斷食善終。爸爸說不用急，先照顧好媽媽，之後一切都會有答案。可能是有了爸爸的安慰，趴在桌上卻睡得很熟，很安心。

醒來後繼續查詢斷食善終的訊息，恰巧當天下午畢醫師在台中有斷食善終演講，並有直播。看著直播時，終於在爸爸中風後三個多月第一次忍不住大哭一場（之前不斷地要求自己務必要堅強）。從演講中了解到很多病人跟爸爸一樣無助地臥床，很多家庭跟我一樣承受了極大的壓力。演講結束後，在忐忑的心情下傳訊息給畢醫師，沒想到很快收到畢醫師的回覆。畢醫師通知我，她隔週在中壢有演講，我與太太到現場聽演講，演講結束後，畢醫師特地留下來了解爸爸的狀況與我們的想法，並給我們很多重要的資訊與建議。

一開始家人考慮在家裡斷食善終，並嘗試找有經驗的看護到家協助，畢醫師也提供了執行步驟的建議。但是考量媽媽骨折後的身體與心理狀況，擔心無法承受爸爸斷食過程中的變化。再次與畢醫師討論後，畢醫師介紹我掛榮民醫院桃園分院杜俊毅醫師的安寧門診。

帶著病歷摘要、手機錄的爸爸影片等資料，杜醫師詳細問診後收案。從護理之家轉到安寧病房的第一天已是晚上，躺在爸爸的病床邊，這是爸爸中風後，第一次有機會睡在爸爸身邊。但是一刻都不敢睡，因為爸爸的呼吸聲充滿了痰液，感覺每次呼吸都會卡住氣管，每兩小時幫爸爸翻身時，護理師都會幫助抽痰。

第二天在杜醫師與醫護團隊的細心照顧下，爸爸的痰液大大改善了。並在護理師與志工的協助下，這輩子第一次幫爸爸洗澡，爸爸泡在溫水裡，閉著眼睛非常放鬆。晚上躺在爸爸的病床邊，回想著爸爸對家人的教導與叮嚀，我居然睡著了，也夢到爸爸，夢裡的爸爸沒有病痛，跟我相互微笑並沒有說話，感覺父子兩人很有默契，不需要言語。

住院後，醫護人員進行了詳細的評估，確認爸爸符合末期疾病診斷。杜醫師帶領安寧團隊透過家庭會議說明，讓每一位家人了解爸爸的病況為近期內病情進展到死亡已不可避免且生活品質過差，也了解人工營養與流體餵養的利與弊，透過家屬回顧爸爸生病歷程、偏好與價值觀後，醫療團隊與家屬共同討論後依病人的最佳利益，於照護期間為減輕爸爸之生命痛苦，家人一致決定不施行人工營養與流體餵養而延長病人瀕死過程的醫療措施，並加強舒適照護與安寧療護。開完家庭會議後就不再由鼻胃管灌食了，停止進食以後，爸爸的痰也更少了，不再服藥。

這段期間心理師與社工師多次開導我，幫爸爸做的任何決定都是期望爸爸好，不論結果如何，爸爸都能體諒。宗教師也帶著我在病房旁的佛堂念經，祈求佛祖能指引爸爸到西方極樂世界，從此再無病痛。杜醫師與其帶領的護理團隊，不只緩解了爸爸的不適症狀，做任何治療前都會細心告知爸爸，不會因為爸爸沒有意識而省略，動作溫柔且熟練。這些細微的動作，大大降低了爸爸的不適，也溫暖了家人的心。陪伴爸爸在安寧病房期間，經歷了多位病人過世，之前我對人過世是有恐懼的感覺，但那段時間後完全不再害怕，轉換成對往生者解脫的祝福。

住院後第十二天在全家人陪伴、感謝爸爸對家人的辛苦貢獻下，爸爸安祥的睡著了，善終了。真心感謝畢醫師、杜醫師與其安寧團隊幫助病人及其家屬脫離痛苦的深淵。

這段期間感覺是爸爸的靈魂在指引我，讓我遇到多位人間菩薩，幫助我度過每一個難關，也讓我對生命的意義有更透徹的認識。平凡如我，將來若能幫助有需要的類似家庭，一定義不容辭。

三、女，六十二歲，漸凍症八年／次子　陳易承　為文

被禁錮的靈魂，在此刻獲得釋放。

生死離別之際，什麼是對？什麼是錯？

我們能為親人做點什麼，我想就是尊重、陪伴與思念。

失去親人的痛是什麼感覺呢？記得媽媽斷氣的那一刻，我感覺胸口有一口氣，吸不上來，瞬間覺得我身體空了一大塊，好像冷風可以從我身體穿過去，我不清楚那是難過還是心痛，就是無盡的空虛襲來，接下來的每天，就是無止盡的悲從中來，不管好的、壞的回憶都會不斷在腦海中快速翻轉，觸動淚腺，每個時刻都是流

淚的好時機，不管是吃飯睡覺、看劇看卡通、開車走路都很適合。

媽媽罹患漸凍症八年之久，我無數次與媽媽討論如何走到生命的終點，但大多數時候我們覺得只能聽天由命，靜靜的等待病情的惡化，殘酷的是惡化的過程是漫長的，在看到盡頭前，受到病痛摧殘的，是全家人的身心。

其實媽媽生病以來，我一直有跟媽媽討論過這個嚴肅的話題，就是「她的生命會如何結束？」，媽媽不像我們可以上網查資料，所以她其實也不清楚病情的最後，會怎麼收場，而我陸續也跟她討論過很多次，如果就病程的發展，最後就是呼吸衰竭離開，但多數在發生呼吸衰竭前，可能還要經歷吸入性肺炎，若不插管氣切，還會經歷一段痛苦的呼吸很喘。重點是，「不知道什麼時候會發生」，這也是我認為這個病最可怕的地方，儘管全身退化到全身癱瘓、連話都講不清楚了，但意識跟身體是非常健康的，換言之就是「非常痛苦但看不到生命的終點何時會到來」。因此，我曾無數次跟媽媽提過，如果哪天真的覺得活著很累，請告訴我，我會想辦法幫她解脫。可能很多人會想，難道你要殺了你媽媽嗎？不要懷疑，所有可能性我都想過了，我也跟媽媽說我隨時準備好，只要她覺得累了想休息了，不管要背上什麼樣的罪名，我都一定會幫助她，這就是大家在新聞上常看到的「長照悲歌」，有可能是照顧者受不了壓力、也有可能是被照顧者想走卻走不了，這樣的過程就在我家真實上演。

我永遠記得最後一次跟媽媽討論這個話題的情景，那時候阿嬤已經離開了，我問媽媽：「阿公阿嬤我都幫您送走了，還有沒有什麼牽掛？如果沒有的話，讓我幫幫你好嗎？」

媽媽哭著說：「我不想要你犯罪！」

後來，我與媽媽達成共識，透過醫院安寧緩和醫療機制與病人自主權的精神，慢慢走向生命的終點。歷經了長達約兩個月逐步斷食的過程，因緣際會與《斷食善終》作者畢醫師有了見面的機會，醫師細心的聆聽我們述說整個過程，她的第一句話，打破了我們每個人內心對親情的最後一道高牆。

「我們步調要快一點，好嗎？」

溫柔但堅定的一句話。這句話在兩個月的時間內，我時不時會想說出口，但因為這次是真的最接近媽媽死亡的一段路，所以我怎麼也說不出口，在畢醫師的帶領下，我們全家人團結一致，決定為媽媽勇敢最後一次，就是堅定不移地陪她走到生命的終點。

完全斷食斷水後的第八天，我決定當晚幫媽媽注射較大劑量的鎮定劑與嗎啡（有與安寧科醫師討論過），於是從早上開始，媽媽的親人、好朋友們，陸陸續續來家裡見最後一面，那天媽媽好辛苦，但她一定很開心，按照計畫，當晚我用顫抖的雙手把預定劑量的藥物注射完成。

那晚媽媽睡得很沉，臉上沒有痛苦的表情，就像是舒服的睡覺。往後幾天，媽媽清醒的時間越來越少了，大概就是勉強用眼睛看著我們，已經不太能回應我們了，隨著時間的消逝，媽媽的呼吸也漸漸慢了下來。

第十天的下午，爸爸最後跟她講完一段話，她在睡夢中突然張大了眼睛，長嘆一口氣就安詳的離開這個世界了。

漸凍症到後期，全身癱瘓、無法自行吞嚥，甚至連說話都說不清楚，就像是被病魔禁錮的靈魂，透過斷食的方式，選擇自己的生命該如何結束，並且讓親人、朋友都能有時間做好心理準備，我想這是媽媽的大愛，她能勇敢的面對死亡，我們還能有什麼理由不能面對失去她的傷痛？

「傷痛不會消逝，正因思念所以才會痛，既然思念不會停止，傷痛也不會消逝。」

對於我來說，喪親之痛的背後，是這些年來照顧媽媽所累積的疲勞、脾氣、不捨、不甘心以及出社會後沒辦法像正常人一樣帶她遊山玩水、買很多好吃的東西孝敬她、以後她沒辦法看著我結婚、抱抱我的小孩諸如此類的遺憾。這一切的一切都已經無法發生，這樣的傷痛，不只沒那麼容易，而是非常困難去釋懷，既然無法釋懷，不如我就與傷痛共存吧！因為我不想忘記，過去的，我都要回憶，未來的，每個時刻我都會在心中告訴天上的媽媽，人生的每個階段依然有她的陪伴。

「與其低頭哭泣，不如仰頭前行，讓天上的媽媽看得到我過得很好」，願為傷痛所困的人們，都勇敢的昂首前行。

四、男，九十五歲，重度失智兩年／長女　馬菲菲　為文

爸爸過世的前一年，因為進食嗆到造成肺部塌陷不得不插鼻胃管，家人在鼻胃管和胃造口之間為他選擇了後者。在這一年間，儘管家人的細心照護陸續克服了褥瘡問題和新冠肺炎，還是沒辦法抵抗爸爸反覆出現的血尿及手腳肌肉關節的攣縮，

期間爸爸自己還拔掉管子兩次，我們知道——爸爸不想這樣被束縛在床上。

二〇二二年底我回台灣探親住在父母家，爸爸已不能言語，無法表達。每天晚上爸爸因身體不適引起的喘息和呻吟聲，是一道道銳利的刀痕劃在我的心裡，爸爸的痛苦讓我感到椎心之痛。當時看到網路上別人分享的文章，提到當長輩自己不想吃不想喝的時候，是順著長輩的意願當快樂神仙的好時機。我這才想到一年前，爸爸曾經有一陣子很嗜睡完全不想吃東西，原來那時候就是爸爸「不想吃不想喝」的時候。然而爸爸現在已經裝了胃造口錯過了時機，明明知道爸爸的痛苦和不願意，我們卻不知道該怎麼辦……。直到不久前，我偶然看到畢醫師「斷食善終」的文章，這才發現原來還有另一個選項。

以我們對爸爸的細心照顧，我相信爸爸可能還可以活（臥病在床）好多年，可是這是對爸爸最好的安排嗎？我仔細拜讀畢醫師的「阿畢的天空」部落格，並且上網搜尋國內外（日本／歐美）的相關資訊。我和家人討論這個選項，面對這個重大的決定，家人們舉棋不定。後來我們全家族去簽署預立醫療決定書時，家人全部選擇——如果是自己的話「不接受人工營養和流體餵食」，換位思考之後……猶豫豁然開朗。又承蒙畢醫師抽空來家裡，以溫柔的語氣跟爸爸解釋如何進行斷食往生、詢問他的意願，看到爸爸用轉動舌頭的方式回應，家人強忍的淚水潰堤，於是一致決定「斷食善終」是我們為爸爸做的最後孝行。

看著爸爸痛苦時……傷心，決定該放手了……還是傷心，但是這次我們有勇氣面對。時間點定了，我們開始為爸爸做了一連串的安排。非常感謝畢醫師對素昧平生的我們，親切而詳細的解說「斷食善終」的方法和所有會碰到的情況，並為爸爸的照護做了一系列的調整（包括灌食的頻率和份量），到了後期爸爸半夜的呻吟聲沒有了。畢醫師還介紹了超級貼心的居家安寧團隊一起來協助我們，我們的目標一致就是確保爸爸處在最舒服的狀態下。家人每天仔細的記錄爸爸的狀況並回報給醫療團隊，一發現異樣，醫療團隊即時透過電話教導我們立刻應變。這段期間又發生了幾次非常嚴重的血尿，儘管安寧團隊的診所離爸爸家很遠，護理師不管多晚都跑來家裡幫忙排除狀況，並且教導我們怎麼做可以降低爸爸的不適感（包括替換膀胱點滴沖液，病床護理……）。

兄弟姊妹一有空就來爸爸家陪爸爸看以前的照片跟爸爸聊天，家裡總是播放著爸爸喜歡的音樂，也每週安排爸爸很享受的沐浴服務。我們從爸爸留下的手稿文件中，勾勒出爸爸精采的人生故事，並召回所有在國外的家人，舉辦了一場溫馨的生前告別式，孫子們都說好高興能更深一層的認識爺爺，並與爺爺深情擁抱。

最後的幾個月我們不再需要在慌亂中送爸爸去急診室，爸爸在熟悉溫暖的家中度過，原本預期斷食過程中可能會發生的較嚴重的狀況都沒有出現。斷食後第十五天，爸爸在全家人的陪伴、弟弟的懷中安詳離世，享耆壽九十五歲。

我相信這趟斷食善終的旅程是爸爸冥冥之中體貼的安排。如果這一切發生在一年前，家人還沒有認識畢醫師和專業的安寧醫療團隊，我們一定毫無準備手忙腳亂，留下一輩子的遺憾。感謝爸爸讓我們有一段時間去調整我們的心情，去做所有我們可以想得到的適當的安排，讓所有的家人都有機會跟爸爸好好的道謝、道愛、道歉、道別。與其說是我們在陪伴爸爸，其實更像是爸爸在陪伴我們，將家人凝聚在一起，安慰我們不要有罣礙、不要太傷心。以此祝福正在和即將要實行斷食善終的朋友們，溫柔陪伴，勇敢面對。

五、女，九十五歲，老衰、新冠肺炎／次女　陳曉容　為文

媽媽今年九十五歲，有高血壓、心率不整等慢性病。二〇二一年底，因心肺問題住院，出院後，經過幾次門診，醫生提出可以為我們做居家醫療，便偕同護理師定期到家中看診，醫院與長照合作減輕我們很多負擔。媽媽的痼疾需要靠藥物控制，我也就不敢讓她施打新冠肺炎疫苗。

二〇二二年十月那次居家醫療，醫護一進門就幫媽媽做快篩，沒想到篩出陽性。其實媽媽之前就會畏寒，但沒有其他症狀，是我疏忽了。媽媽轉陰之後，健康不但沒有復原，反而急轉直下，出現全身癱軟的現象，眼睛緊閉、無法言語、無法進食、大小便失禁……我從沒看過她這個樣子。姊姊屢次要我叫救護車送媽媽去急診，但我很抗拒，也很煎熬，心中唯一念頭是不要讓媽媽受苦。

某天中午，我看媽媽較清醒，便靠在她耳朵旁問她：「媽，妳想要整日躺在床上不能動，然後活久一點，還是能吃能動，壽命短一點？」媽媽回答：「後面那個。」為慎重起見，我再當媽媽的面，問坐在另一側的阿蒂，她說：「我也要後面那樣。」所以，我有了勇氣。

上網找到《斷食善終》作者畢柳鶯醫師，她聽完我對媽媽的描述，給予我所需要的建議和支持，讓我有了「可以做點什麼」的方向。這時候的媽媽一日昏沉、一日清醒，我不得不揪著心聯絡佛堂和葬儀社，然後在畢醫師的陪伴與指導下，開始記錄媽媽的三餐，準備進行和緩的斷食。媽媽本就沒什麼胃口，全日總量不到正常人的一餐，所以過程很自然，在畢醫師的提醒下，盡量給她好消化的食物、不強迫進食及營養補充品。

經過十天，我感覺媽媽並沒有更虛弱，反而因為臉頰浮肉消失，看起來年輕許多，清醒的時間稍微增加。畢醫師轉介了一家居家護理所，陳護理師很快就撥空前來，有專業的醫護人員來家裡探望病人，很能增添安定的力量。又過了幾天，媽媽已經可以坐在客廳的躺椅上，但嚴重的咳嗽，讓她日夜不得安穩。我雖然做了最壞的打算，但很重要的，也要減少媽媽身體上的不適，所以我們排除萬難帶媽媽去看一位中醫師，他的藥很快就見效，老人家才能好好休息，孱弱的身心也開始從谷底爬升。

二〇二三年一月初，居家醫療在媽媽確診後首次展開，醫生跟護理師看到高齡的媽媽，沒有打疫苗也能挺過確診，忍不住豎起大拇指。他們不知道這段時間我們所經歷的風浪，老實說，我沒有勇氣回想。醫院護理師私下告訴我，當時沒有送媽媽去急診是對的，她說：許多老人家因為確診新冠到醫院急診，急診室的處理就是插管，插管後，有人在很短的時間內走了，有人得長期臥床，這跟畢醫師告訴我的一樣。

我們出生時，父母照顧我們稚嫩的身體，在他們臨終前的最後一哩路，我們也應該盡可能維護他們的平靜安詳。很感謝長照德政嘉惠人民，感謝醫護人員的照顧與陪伴，由衷希望畢醫師推動的斷食善終，能獲得更多人的認同與支持。

六、女，七十歲，胃癌、失眠二十六年／長子　李昆霖　為文

我非常感謝畢醫師出現在我的生命中，在我媽媽去世前，我們採訪了畢醫師，因為我想要為媽媽的肉體苦痛做些事情。

在那兩小時關於《斷食善終》的訪談，我們了解到死不是生的對立面，而是一部分。畢醫師說：「其實斷食不是重點，重點在於陪伴善終的最後一段旅程，要讓

長輩知道她這一生的意義和價值。」

回到家的隔天早上，剛好媽媽上樓來找我聊天，她一如往常的向我訴苦：「李昆霖，我真的好想死，我覺得自己的人生一點價值都沒有，我不想拖累你們，我沒有活下去的意義。」我這時打斷了我媽，跟她說：「媽媽，你說這句話我不同意。你的人生太有價值了，要不是你如此重視教育，我跟妹妹不會取得這麼高的學歷。要不是你鼓勵我自助旅行，我不會有勇氣創業。要不是你強迫爸爸提早退休，堅持全家移民，我不會有完整的童年跟現在的國際視野。這些都是你帶給我們的。你的人生太有意義了！」

一直都是乖乖聽話的我，難得的當了一次逆子，反駁了我媽的觀點。然後我跟媽媽說：「你的肉體讓你真的活得很痛苦，我完全理解，那你要不要試看看斷食這個方法，按照你自己的意願依照你想要的時間離開。」我拿出畢醫師的《斷食善終》給她看。

過了幾天她把書看完了，她說她願意嘗試斷食。但希望有畢醫師的陪伴。當時畢醫師去歐洲旅行，所以我們就決定先不斷食，但依舊照著畢醫師書中親人如何彼此陪伴的方法，先錄影一段她想對親友說的話。

我問她：「如果你離開前有什麼話想對大家交代的，你會跟他們怎麼說？我們來錄這些影片好不好？」

媽媽說好，於是我就把手機拿起來錄下了珍貴的影片，在影片中她對每個她所在乎的人說出了她對他們的感受跟期許。

其中她對我說：「昆霖，你所做的一切都沒有讓媽媽失望。我雖然書讀得不多，但我很愛讀書，我知道讀書的重要性。還記得你小時候手斷掉，媽媽還要求你隔天就要上學。這是媽媽的苦心，我不懂溫柔，如果說唯一遺憾的，就是我對你太嚴格。」

媽媽對著正在錄影的我說完這段話，而我也當下給她反饋。

「媽媽，我覺得這是你給我最大的禮物，你對我要求這麼的嚴格，培養出我堅強的個性，如果沒有你的堅持，我肯定不會是現在的我。」

我讓她知道，她的人生是充滿意義的，她的正能量影響了許多人。當下她流下了眼淚，我們母子擁抱在一起，我當下不知道的是，這是我最後跟媽媽相擁在一起，也是最後幫媽媽錄的影片。

兩星期後，當媽媽去世的那一刻，全家人聚在她的身邊時，我知道她雖然心臟停止跳動了，但還是能聽到我們在說什麼，她可能還有一些話想要對我們每個人交代。

於是我拿出之前事先錄製的影片，播放媽媽交代的話給現場的大家聽。

當下我們感受到的並不是悲傷，而是滿滿的感謝跟愛。

感謝她為我們全家付出了那麼多。

我很慶幸我錄了這段長達十七分鐘的影片，可以讓她好好的跟她最親近的人告別，讓她可以放下好走。

我想，這是我做過最孝順的事情之一了吧！我把影片寄給澳洲的妹妹，把媽媽想對遠在澳洲的妹妹所說的話，把遠方阿嬤想要交代國外的三個孫子的每句話都傳達給她們。

妹妹很感動我有為她做了這件事。而我覺得自己終於有比較像個哥哥的樣子。而這也是媽媽臨終送給我們兄妹的禮物，重啟我們兄妹之間的連結，現在我們會很常彼此互相問好。

回想起來，我媽真的很前衛，她可以接受新的思維並且願意嘗試。只是還沒開始嘗試斷食，她就先善終了。媽媽如果還活著的話，也應該會希望我分享這一段我們母子之間的互動給大家知道，這會是她希望送給大家的禮物。

而這也是我從光明邁向光明的人生道路。

身為書店老闆，我想要分享畢醫師這本好書《斷食善終》給大家，我們在人生的某一階段或許都會用得上。因為它教導我的是，讓陪伴死亡這件事變成像是奇異的恩典，讓長輩多了那一份自我認同與安然。

附錄三

全國安寧資源地圖

進入網頁：https://hpcod.mohw.gov.tw/HospWeb/RWD/PageType/peaceful/hpcodlist.aspx 全國安寧資源（最新資料二〇二二年十月十五日）v3.pdf 可以查到全國醫院有附設安寧緩和病房者、醫院附設居家安寧團隊以及獨立居家護理所的詳細資料，包含院所名稱、地址、電話、服務項目等資料。都有健保給付，但不得重複申報。譬如原來由醫院的團隊服務，若要改為獨立居家護理所接案，則需要結束原來醫院之服務。獨立居家護理所也有各種專業人員組成團隊，因為專職於居家服務，可以比較頻繁的訪視，有緊急狀況時，也比較能有彈性的調度人力。

下列居家護理所我個人常轉介個案，謹供參考。以下是我們成立了「在宅善終友善團隊」群組的成員。

地區	居家護理團隊	聯絡人	地址	聯絡電話
基隆	美綠居家護理所	陳素珍	基隆市中山區中山一路 121 號 5 樓	02-24251665，0983-605-687
新北	大心居家護理所	簡秀娟	新北市樹林區大義路 238 號 1 樓	0983-057-185
	安家居家護理所	沈淑芬	新北市新莊區新北大道七段 245 號 11 樓	02-29066008
台北	康健居家護理所	吳姁媛	臺北市內湖區民權東路六段 118 巷 6 號 11 樓之 19	02-87919104，0916-360-104
桃園	仁仁居家護理所	陳香君	桃園市平鎮區環南路二段 280 號 18 樓之 1	0911-893-388
苗栗	禾宜居家護理所	楊佩宜	苗栗市復興路三段 110 號	0910-851-363
新竹	菩心居護所	謝靜萍	竹北市華興三街 268 號	03-5556965
台中	全程安寧居家護理所	程子芸	臺中市中區成功路 202 巷 3 號 3 樓	0979-776-601
	大安居護所	黃曉君	台中市太平區新吉路 65 號	0937-805-552
	豐馥居家護理所	羅伊嵐	臺中市南屯區永春東路 1110 號	0955-415-298
	日日福居家護理所	曾士贏	臺中市西區精誠路 304 巷 13 號	0937-077-262

地區	居家 護理團隊	聯絡人	地址	聯絡電話
台中	品安居家護理所	陳俐雅	臺中市烏日區中華路 111 號 3 樓	04-23370550，0927-052-987
	特安居家護理所	李佩珊	臺中市北屯區祥順路一段 428 號 1 樓	0970-946-908
	好燁居家護理所	蔡欣貽	臺中市大甲區甲后路五段 501 巷 71 弄 15 號	0916-888-136
彰化	奇異恩典居家護理所	王采硯	彰化縣員林市員集路二段 339 號 1 樓	0928-926-684
	蒙恩居家護理所	鄭婉容	彰化縣線西鄉線西村沿海路二段 51 巷 20 之 10 號	0978-312-816
	安域居家護理所	蔡純芳	彰化縣花壇鄉中正東街 9 巷 6 號 2 樓	0921-309-162
雲林	欣齡居家護理所	翁秀香	雲林縣崙背鄉南陽村大同路 105 巷 13 號	05-6967105，0937-761-363
	好厝邊居家護理所	王詩涵	雲林縣元長鄉東庄 256 號	05-7889315，0910-661-113
	厚安居家護理所	鍾杏君	雲林縣西螺鎮新街路 117 號	05-5881208，0939-528-523
	甘心居家護理所	黎曼雲	雲林縣二崙鄉湳仔村湳子路 162 號之 1	0916-675-343

地區	居家 護理團隊	聯絡人	地址	聯絡電話
嘉義	共樂居護所	郭芳雅	嘉義縣義竹鄉六桂村 154-27 號	05-3411111，0978-707-787
台南	活泉居家護理所	吳淑芬	台南市新營區東大街 66 巷 8 之 1 號	06-6321867，0911-210-856
	嘉樂居家護理所	李芳微	台南市新營區仁愛街 30 之 2 號 3 樓	06-6331900，0932-862-566
高雄	米蘭達居家護理所	溫琇媚、徐芳怡	高雄市鳳山區工協街 22 號	0956-180-302
	佑平居家護理所	楊婉萍	高雄市三民區自忠街 61 號	0970-031-713
	勤文居家護理所	宋歆喬、李威宏	高雄市林園區成功街 3 號	0903-771-539，0903-297-055
宜蘭	禾樂居居家護理所	張凱雅	宜蘭縣員山鄉同樂村同新路 292 號	0928-681-099
台東	瑞鄰居家護理所	簡瑞巖	臺東縣臺東市吉泰路 12 號	089-510-600
澎湖	芳悅居護所	陳淑芬	澎湖縣馬公市文前街 81 號 1 樓	0958-660-812

麥田航區17

有一種愛是放手

《斷食善終》2，從第一手個案經驗、觀念迷思到法規醫療協同，拿回生命自主權，有尊嚴、無懼無憾的安詳離世

作　　者　畢柳鶯
責任編輯　林秀梅

版　　權　吳玲緯
行　　銷　闕志勳　吳宇軒
業　　務　李再星　陳美燕
副總編輯　林秀梅
編輯總監　劉麗真
總 經 理　陳逸瑛
發 行 人　涂玉雲

出　　版　麥田出版
城邦文化事業股份有限公司
104台北市民生東路二段141號5樓
電話：(886)2-2500-7696　傳真：(886)2-2500-1967
發　　行　英屬蓋曼群島商家庭傳媒股份有限公司城邦分公司
104台北市民生東路二段141號11樓
書虫客服服務專線：(886)2-2500-7718、2500-7719
24小時傳真服務：(886)2-2500-1990、2500-1991
服務時間：週一至週五09:30-12:00・13:30-17:00
郵撥帳號：19863813　戶名：書虫股份有限公司
讀者服務信箱E-mail：service@readingclub.com.tw
麥田部落格：http://ryefield.pixnet.net/blog
麥田出版Facebook：https://www.facebook.com/RyeField.Cite/

香港發行所　城邦(香港)出版集團有限公司
香港灣仔駱克道193號東超商業中心1/F
電話：852-2508 6231　傳真：852-2578 9337

馬新發行所　城邦（馬新）出版集團 Cite (M) Sdn Bhd
41, Jalan Radin Anum, Bandar Baru Sri Petaling,
57000 Kuala Lumpur, Malaysia.
電話：(603) 9056 3833　傳真：(603) 9057 6622
E-mail：services@cite.my

設　　計　謝佳穎
印　　刷　沐春行銷創意有限公司

初版一刷　2023年5月30日
初版七刷　2023年9月22日

定　　價　400元
I S B N　9786263104310
9786263104327（EPUB）

城邦讀書花園
www.cite.com.tw

國家圖書館出版品預行編目資料

有一種愛是放手：《斷食善終》2，從第一手個案經驗、觀念迷思到法規醫療協同，拿回生命自主權，有尊嚴、無懼無憾的安詳離世/畢柳鶯著. -- 初版. -- 臺北市：麥田出版：英屬蓋曼群島商家庭傳媒股份有限公司城邦分公司發行, 2023.06
面；　公分. --（麥田航區；17）
ISBN 978-626-310-431-0（平裝）

1. CST: 生命哲學

191.91　　112003395